Mein Anti-Stress-Jahr

52 Wochenaktivitäten und Entspannungstipps

h.f.ullmann

Einleitung

Mein Anti-Stress-Jahr ist ein Übungsbuch, mit dem Sie durch Kunsttherapie und Selbst-Coaching dauerhaftes Wohlbefinden erlangen. In 52 einfachen Sequenzen finden Sie spielerisch und effizient Ihren ganz persönlichen Weg zur Entspannung, das ganze Jahr hindurch. 52 Wochen, in denen Sie sich nach und nach praktische Kenntnisse aneignen und vertiefen, um Stress in allen Alltagssituationen vorzubeugen oder konkret zu bewältigen. Entspannen Sie sich beim Ausmalen eines Mandalas, lösen Sie Ihre Muskelverspannungen mit Yoga und Selbstmassage, heben Sie Ihre Stimmung mit Lichttherapie und den positiven Kräften verschiedener Mineralien. Oder vielleicht möchten Sie sich mit gesunden Rezepten und Abendtees bewusst ernähren, oder Sie gönnen sich eine verwöhnende Gesichtsmaske, die Sie selbst hergestellt haben. Das Angebot an kreativen Übungen und Tipps ist breit gefächert und hilft Ihnen dabei, schnell Ihr eigenes Programm nach Ihren Bedürfnissen zusammenzustellen.

◎ **Kunsttherapie:** Bei der Kunsttherapie kommen verschiedene, leicht verständliche, künstlerische Formen zum Einsatz. Mit ihr können Sie auf spielerische Art Ihre geistigen und emotionalen Spannungen durch einen kreativen Prozess außerhalb des Körpers verarbeiten. Sie ist daher hervorragend zur Vertiefung Ihrer persönlichen Entwicklung geeignet.

◎ **Auto-Coaching zum Wohlbefinden:** Schöpfen Sie im Alltag aus Ihren eigenen Quellen und den neu erlernten Übungen. So arbeiten Sie an Ihrer Selbstverwirklichung und der Öffnung zur Welt.

Jede vorgestellte Sequenz beinhaltet mögliche Übungen für eine Woche. Sie besteht immer aus einer Zeit der Muße, einem Anteil Neuentdeckungen in der Kunsttherapie und einem schrittweisen Coaching. Nichts ist vorgeschrieben: Beginnen Sie, wenn Sie möchten, in der Mitte des Buches. Wichtig ist nur, dass Sie die neue Art des Handelns, des Erkennens und der Anwendung tief im Bewusstsein verankern. Das Gehirn baut, dank der Wiederholungen und der Regelmäßigkeit der Übungen, neue neuronale Ketten auf. Das fördert den „natürlichen Reflex des Wohlbefindens" und wappnet Sie für die anstrengenden Momente des Alltags. Einzig die erste Sequenz ist unerlässlich und sollte zu Beginn durchgeführt werden. Hier werden die Grundmechanismen erklärt; der rote Faden, der sich durch alle Übungen zieht, um deren Wirkung zu verstärken. Zwei Teile aus dem Gesamtpaket sind daher Ihren wöchentlichen Übungen hinzuzufügen: *Zeit für mich* und *Mein Weg zum Wohlbefinden*.

In diesen 52 Wochen sind vier Wochen Unternehmungen gewidmet, die Sie alleine durchführen. Das Gefühl, etwas in Richtung anderer und mit anderen zu unternehmen, öffnet das Herz, was die emotionale und geistige Besänftigung begünstigt. Geben und Teilen befreit von Ängsten vor der Welt und dem Stress der Einsamkeit und der Abkapselung. In der 52. Woche ist ein Test vorgesehen, um Ihr Stressniveau zu bestimmen. Führen Sie den Test regelmäßig durch und stellen Sie fest, wie es um Ihre Ausgeglichenheit steht und was Sie dafür tun können.

Stress: Freund oder Feind?

Stress ist natürlich, da er eine Reihe von körperlichen und psychologischen Reaktionen beinhaltet, die je nach Situation entweder angenehmer Natur oder eher schwierig zu handhaben sein können. Er wird „oxidativ", wenn wir ihm ständig ausgesetzt sind (der sogenannte chronische Stress). Wenn wir hier nicht gegensteuern und versuchen die Folgen einzudämmen oder uns eine Auszeit gönnen, öffnen wir Tür und Tor für Nebenwirkungen, die sich als hartnäckig erweisen können (Schlaflosigkeit, Burn-out). Vergessen Sie den Begriff des positiven oder negativen Stresses. Stress in Verbindung mit beruflichem Erfolg kann, wenn man die Herausforderung mag, dynamisierend und motivierend wirken oder bedrückend, wenn das erwartete Ergebnis ausbleibt.

Man muss verstehen, dass wir unter Stress nicht gleich reagieren und dass es wichtig ist, die eigenen Grenzen zu kennen und die Tätigkeitsbereiche entsprechend zu definieren. Die gute Nachricht: SIE allein reagieren auf den Stress, das heißt, Sie können Stress in etwas Kreatives umwandeln und damit in eine nährende Tugend für Ihre persönliche Entwicklung. Dafür eignet sich die Kombination von Kunsttherapie und Auto-Coaching zum Wohlbefinden hervorragend.

Verlauf einer Sequenz

Der Weg zum Wohlbefinden in vier Etappen:

1. Zeit für mich: Das ist Zeit für geistige Entspannung und emotionale Ausgeglichenheit, die Sie mit den originellen, kreativen und leicht umzusetzenden Übungen erreichen können. Sie basteln einen Anti-Stress-Ball, beschäftigen sich mit den Eigenschaften der Mineralien, mit Muskelentspannung, der Schreibwerkstatt oder lassen Poesie auf sich wirken.

2. Entspannen mit Kunst: Kunsttherapie ist auf den kreativen Ausdruck ausgerichtet, bei dem Sie das Ausmalen, die Collage, die Malerei (wieder)entdecken ... damit reduzieren oder eliminieren Sie Stress durch einen künstlerischen Prozess. Wir empfehlen, die Zeichnungen zu fotokopieren oder einzuscannen, damit sie nach Belieben wiederverwendet werden können. Bauen Sie die Gesundheitstipps in Ihre Aktivitäten ein!

3. Mein Weg zum Wohlbefinden: Besteht aus einfachen Schritt-für-Schritt-Übungen (Yoga, Selbstmassage, Atmung), die Sie über den ganzen Tag verteilt, von morgens bis abends, durchführen können. Hier finden Sie auch Ihr Werkzeug „Aktion-Reaktion", das Ihnen am Arbeitsplatz und zu Hause eine große Hilfe sein wird.

4. Harmonie aus der Natur: Die Werkstatt des Lebens! Lernen Sie, sich mit Cremes zu verwöhnen, beruhigende Kräuterteemischungen herzustellen, Anti-Stress-Kochrezepte zuzubereiten und den fantastischen Reichtum zu schätzen, den Mutter Natur für uns birgt.

Entdecken Sie, wer Sie sind!

Der Mensch glaubt, dass das Glück auf dem Gipfel des Berges zu finden ist, dabei liegt es in der Art, ihn zu erklimmen.

Konfuzius

Inhalt

1. WOCHE Zeit für mich

Ihre Wochenziele

Schreiben Sie zwei Anti-Stress-Ziele auf, die leicht umzusetzen sind, und ein Drittes, welches Sie im Laufe der Zeit umsetzen möchten.

1. ....

2. ....

3. ....

◎ Nehmen Sie sich fest vor, diese Ziele zu verfolgen, und ziehen Sie am Wochenende Zwischenbilanz.

◎ Analysieren Sie, ohne über sich zu urteilen. Nehmen Sie eine positive Haltung ein. Diese Ziele können auch in die Folgewoche übertragen und dann umgesetzt werden.

Herzkohärenz

◎ Einatmen beschleunigt die Herzfrequenz, Ausatmen verlangsamt sie. Beim Erwachsenen geht man von einer Atemfrequenz von vier bis sieben Atemzyklen pro Minute aus. Beginnen Sie mit einer Atemfrequenz von sechs Atemzyklen pro Minute, um ganz bewusst auf Ihre Atmung einzuwirken und zu einer sanften Harmonie zu finden. Nach und nach werden Sie zu der für Sie stimmigen Atemfrequenz finden, die sich zwischen vier und sieben Atemzyklen bewegen dürfte.

◎ Atmen Sie für eine entspannende Bauchatmung durch die Nase fünf Sekunden lang ein, dann atmen Sie durch den Mund fünf Sekunden lang wieder aus. Die Übung dauert fünf Minuten, führen Sie sie am Morgen, nach dem Mittagessen und am Abend durch. Sie können die Zeiten zu gleichen Teilen verlängern oder verkürzen: Einatmungszeit = Ausatmungszeit.

Anti-Stress-Ball

◎ Fertigen Sie Ihren Anti-Stress-Ball: Nehmen Sie einen Luftballon und befüllen diesen mithilfe eines Trichters mit Reis. Verknoten Sie das Ende des Luftballons.

◎ Schneiden Sie das Ende des zweiten Luftballons ab und ziehen es über den Ball, um diesen zu schützen. Legen Sie den Anti-Stress-Ball auf die geöffnete Handfläche.

◎ Atmen Sie durch die Nase ein, konzentrieren Sie sich darauf, den Ball zu drücken, dann atmen Sie langsam durch den Mund mit gespitzten Lippen aus und öffnen die Hand.

◎ Führen Sie diese Übung eine Minute lang mit der einen Hand, dann mit der anderen Hand durch. Wiederholen Sie die Übung im Laufe des Tages siebenmal.

Besänftigung durch den Wasserfall

◎ Legen Sie Ihre Buntstifte neben diesem Buch bereit.

◎ Ihre Hände ruhen mit den Handflächen nach unten auf dem Schreibtisch. Atmen Sie ruhig. Zeichnen Sie auf diese Seite einen Wasserfall. Wählen Sie langsam, ohne geistige Anspannung, spontan eine Farbe und beginnen einfach von oben nach unten zu malen.

◎ Bewegen Sie die Hand so weich wie möglich, verwenden Sie beliebig viele Farben und vor allem fühlen Sie, wie das fließende Wasser Sie entspannt.

◎ Malen Sie am Ende davonfliegende Schmetterlinge; ein Symbol für wiedergefundene Leichtigkeit!

WICHTIG: WIEDERHOLEN SIE DIESE VIER ÜBUNGEN JEDE WOCHE ZUSÄTZLICH ZU DEN ÜBUNGEN DER WOCHE.

Entspannen mit Kunst

Mandala der Entspannung

- Beginnen Sie in der Mitte und malen Sie von innen nach außen, ein Motiv nach dem anderen.
- Wählen Sie vorzugsweise warme Farben: Rot, Orange, Gelb. Malen Sie nicht über die Ränder hinaus.
- Atmen Sie langsam und lockern Sie sich nach und nach, klären Sie Ihre Gedanken ...

- Schreiben Sie Ihre Empfindungen und Gefühle auf:

Denken Sie über diesen Satz nach:

Es gibt keinen Baum, der nicht schon vom Wind geschüttelt wurde.

Hinduistisches Sprichwort

Coaching-Tipp

Massieren Sie mit den Fingern die Linie, die vom Sonnengeflecht bis zum Halsansatz verläuft. Drücken Sie in der Bewegung unterschiedlich fest auf, um die Wohltat dieser Massage fest in Ihrem Körper zu verankern.

Mein Weg zum Wohlbefinden

Wiederholen Sie diesen Ablauf jeden Morgen in Gedanken und führen Sie folgende Bewegungen durch: Ich stehe über eine Körperseite von meinem Bett auf, ich stelle mein Fußgewölbe auf den Boden, ich strecke meine Hände zur Decke und atme durch die Nase ein, ich atme durch den Mund mit gespitzten Lippen aus, ich lehne dabei meinen Oberkörper nach vorne und lege meine Hände auf die Knie (dreimal durchführen). Lächeln Sie und denken Sie: Dieser Tag wird wunderbar! Stehen Sie auf und trippeln Sie zehnmal auf der Stelle, bewegen Sie die Arme den Körper entlang. Sie sind positiv!

Unter der Dusche

◎ Lassen Sie lauwarmes Wasser über den Kopf laufen, beginnen Sie in der Mitte des Kopfes und lassen Sie das Wasser beidseitig herunterlaufen. Dann kehren Sie mit dem Wasserstrahl in die Kopfmitte zurück. Massieren Sie mit kleinen Kreisbewegungen auch das Sonnen- und das Herzgeflecht. Atmen Sie währenddessen langsam.

Die Schleuse am Anfang des Tages

◎ Ob Sie zu Fuß zur Arbeit gehen oder mit öffentlichen Verkehrsmitteln fahren, schließen Sie im Geiste die Tür zu Ihrem Privatleben: Sie sehen vor dem inneren Auge, wie sich die Tür zu Ihrer Wohnung schließt und denken mit Nachdruck: Nichts aus meinem Privatleben soll in mein berufliches Umfeld eingreifen.

Schnelle Entspannung am Vormittag

◎ Drücken Sie Ihre Handflächen gegeneinander (wie beim Gebet), atmen Sie durch die Nase ein, die Ellbogen berühren sich nicht (nur Ihre zehn Finger haben Kontakt), atmen Sie ganz langsam aus, drücken Sie dabei die Handflächen fest gegeneinander (als ob Sie ein Buch zerdrücken möchten). Zur Vorbeugung oder zur Entspannung dreimal wiederholen. Halten Sie den Rücken gerade.

Schnelle Entspannung am Nachmittag

◎ Massieren Sie, die Ellbogen auf den Schreibtisch gestützt, Ihre Schläfen in kreisförmigen Bewegungen, atmen Sie dabei tief ein und aus.

◎ Schließen Sie Ihre Augen und stellen Sie sich vor, dass Sie bei jedem Atemzyklus Ruhe und Entspannung finden. Richten Sie dafür Ihre Aufmerksamkeit auf Ihr Zwerchfell, das sich entspannt und Ihre Verdauungsorgane von allen Spannungen löst.

◎ Schütteln Sie Ihre Hände aus und kehren Sie zurück an Ihre Arbeit.

Es ist wichtig, am Anfang des Tages durch die Schleuse zu gehen und Ihr Privatleben nicht mitzunehmen, damit es sich nicht mit anderen Aktivitäten vermischt und Ihre berufliche Tätigkeit beeinträchtigt.

Harmonie aus der Natur

Rezeptideen für die Woche

Vorspeise

◎ Mischen Sie 300 g Rote Bete mit 100 g Schafskäse (wie Feta) und mit einer halben Avocado. Würzen Sie die Mischung mit Balsamico und Schnittlauch oder Kerbel.
◎ Gekühlt servieren.

Vegetarisches Gericht

◎ Drücken Sie eine Portion Mürbeteig in eine Kuchenform und stechen den Boden mit der Gabel ein.
◎ Heizen Sie den Ofen auf 180 °C vor.
◎ Zerdrücken Sie 150 g Schafskäse auf dem Mürbeteigboden.
◎ Drei Feigen zerkleinern, auf den Käse geben und mit Zimt bestäuben.
◎ Schneiden Sie drei Zucchini in feine Scheiben und legen Sie mehrere Lagen übereinander.
◎ Dreißig Minuten im Ofen backen.

Dessert

◎ Mischen Sie 250 g Mascarpone mit 200 g Quark und 200 g Apfelmus, fügen Sie Zimt, Puderzucker und Vanillezucker hinzu.
◎ Schneiden Sie zwei schöne Äpfel in kleine Würfel, mischen Sie etwas Zitronensaft und 150 g des Apfelkompotts darunter, zerbröckeln Sie Spekulatius darüber.
◎ Die Masse in Gläser füllen und vor dem Essen mindestens eine Stunde kalt stellen.

Meine Schönheitsmaske

Rezept für eine natürliche Maske zur Regeneration der Gesichtshaut

◎ Rühren Sie 25 g Hefe mit etwas Wasser in 1 Glas an.
◎ Lassen Sie sie 30 Minuten an einem warmen Ort gehen. Fügen Sie, wenn die Hefe aufgegangen ist, einen Löffel Honig, einen Löffel grüne Tonerde und einen halben Becher Naturjoghurt hinzu.
◎ Mischen Sie die Masse und tragen Sie die Maske mit den Fingern auf Ihr Gesicht auf.
◎ Legen Sie sich bequem hin, damit sich Ihre Gesichtszüge entspannen.
◎ Die Maske 10 Minuten einwirken lassen, dann mit lauwarmem Wasser abspülen. Tupfen Sie Ihr Gesicht mit Rosenwasser ab, um die Poren zu schließen.

Kalter Durchblutungstee

◎ Geben Sie 3 Esslöffel der folgenden Mischung in 1 Liter kochendes Wasser:
◎ Zwei Teile rote Weinblätter und einen Teil Pfefferminzblätter.
◎ Lassen Sie den Tee fünf Minuten ziehen, dann abgießen.
◎ Fügen Sie 1 Teelöffel Honig und 3 Tropfen ätherisches Zitronenöl hinzu. Gut gekühlt trinken.

Essen Sie öfter einen Apfel. Nach einem Tee unterstreicht er dessen Wirkung; vor der Mahlzeit fördert er die Verdauung (Pektin). Äpfel bestehen aus 85 % Fruchtsaft und haben wenig Kalorien.

2. WOCHE

Zeit für mich

Die Grundlage des Meditierens

◎ Meditieren ist die Kunst, jederzeit präsent sein zu können. Das scheint einfach, jedoch durch das Auflösen unseres Zeitbegriffes stellen wir fest, wie oft uns unsere Gedanken ablenken, wie viel Raum sie einnehmen und uns den einfachen Weg versperren.

◎ Unsere Selbstkonditionierung, die unter anderem unserer Bildung und unserem soziokulturellen Umfeld geschuldet ist, beeinflusst unser Verhalten und lässt uns nach einem Muster reagieren, das schwer aufzulösen und aufzugeben ist, da wir von ihm abhängen.

Hier finden Sie eine erste Annäherung an das Meditieren. Nehmen Sie sich, wenn möglich, täglich zehn Minuten, um die Flut der unerwünschten Gedanken zu klären und zu reduzieren (die eigentlich unnötigen Gedanken). Natürlich ist für den Einstieg ein ruhiges Plätzchen ideal. Schließlich verwenden Sie diese Technik im Alltag, damit Sie immer und bei allem, was Sie tun, präsent sind. Weitere Meditationsübungen folgen.

◎ Setzen Sie sich bequem hin. Wählen Sie eine Position, in der der Rücken gerade und dennoch entspannt ist. Lassen Sie zunächst Ihren Blick über den Boden vor Ihnen schweifen, ohne einen bestimmten Punkt zu fixieren. Das entspannt die Sehnerven und somit das ganze visuelle System.

◎ Rollen Sie dann beide Augen gleichzeitig in eine Richtung, entspannen Sie die Augen und rollen Sie die Augen in die andere Richtung.

◎ Heften Sie dann Ihren Blick auf den Boden. Ganz von selbst werden Sie einen Punkt fixieren, lassen Sie es zu …

◎ Achten Sie nur auf die Luft, die Sie durch die Nase ein- und ausatmen. Verkrampfen Sie sich nicht. Sobald Sie Anspannung fühlen oder einen störenden Gedanken haben, kehren Sie zu der ein- und ausströmenden Atemluft zurück. Mit einem Wimpernschlag können Sie zur Konzentration zurückfinden. Senken Sie Ihren Blick wieder, atmen Sie sehr lange aus, lockern Sie die Halsmuskeln. Ändern Sie ruhig Ihre Stellung, wenn Rücken oder Knie schmerzen. Versuchen Sie es zunächst mit drei Minuten, dann fünf, dann sieben usw.

Am Anfang kann diese Übung als anstrengend empfunden werden, aber Sie sollen die Kontrolle über Ihr Gehirn wiedererlangen! Beim Meditieren vermindern Sie bedrückende Gedanken, finden Abstand zur Ihren Emotionen und ölen gleichzeitig die geistigen Mechanismen. So geben Sie der inneren Freiheit Raum. Immer öfter werden Sie Momente der Heiterkeit und Ruhe finden … Es ist daher der erste Punkt, zu Ihrer Atmung zurückzukehren.

Schenken Sie beim Meditieren den Geräuschen um Sie herum oder der Sonne, die sich in den Scheiben spiegelt, keine Aufmerksamkeit … Konzentrieren Sie sich ausschließlich auf Ihren Atemzyklus. Sie können diese Übung „Konzentration und Loslösung" auch einige Minuten am Arbeitsplatz durchführen.

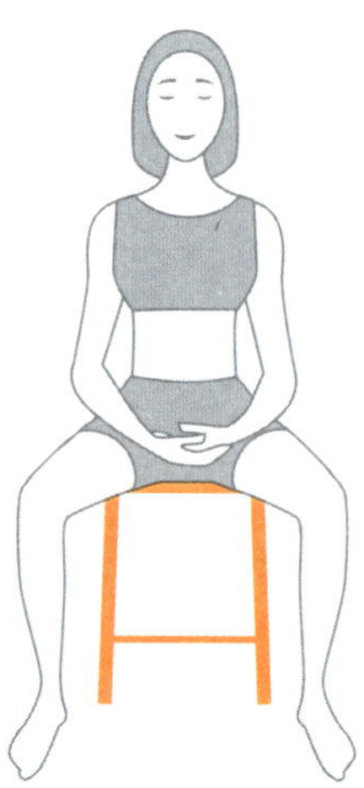

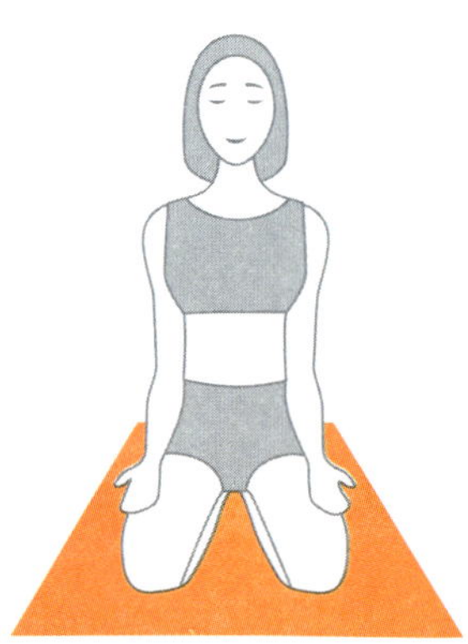

Entspannen mit Kunst

Mandala der Konzentration

◎ Malen Sie zunächst den äußeren Kreis aus und arbeiten Sie sich nach innen. Malen Sie einen Kreis vollständig aus, bevor Sie zum nächsten gehen. Gehen Sie von warmen Farben (Rot, Orange, Gelb) zu den kalten (Grün, Blau, Lila) über.

◎ Verkrampfen Sie sich nicht; bleiben Sie entspannt. Atmen Sie tief und gleichmäßig.

◎ Notieren Sie sich Dinge, die Sie tun möchten, um im Alltag präsenter zu sein:

Denken Sie über diesen Satz nach:

Die heiligen Erden wohnen in unseren Herzen.

Diaz Terrones, Mexiko

Gesundheitstipp

Massieren Sie mit dem Zeigefinger mit kreisenden Bewegungen die Mitte der Stirn, dann die Kopfhaut von vorne nach hinten, drücken Sie mit allen fünf Fingern fest auf die Schädeldecke. Das fördert die Konzentration. Massieren Sie sanft, jedoch zielstrebig.

Mein Weg zum Wohlbefinden

Am Morgen unter der Dusche

◎ Massieren Sie mit dem Duschstrahl den Verdauungstrakt, um seine Funktion anzuregen. Hier findet sich oft die Ursache für geschwächte Abwehrkräfte. Ebenso können Sie mit dieser Massage Gefühle wie Niedergeschlagenheit positiv beeinflussen. Lassen Sie den lauwarmen Wasserstrahl mindestens eine Minute lang in einem Dreieck von der Leber zur Milz und unter den Bauchnabel wandern.

◎ Anschließend gehen Sie vom Sonnengeflecht zur Mitte des Beckens. Massieren Sie diesen Bereich mit dem Duschstrahl mindestens eine Minute lang.

Musiktherapeutische Pause am Morgen

◎ Gewöhnen Sie sich daran, sich mit einem MP3-Player, Smartphone, PC oder Mac bei drei aufeinanderfolgenden Musikstücken zu entspannen:

Das erste Musikstück ist dynamisch, das heißt recht rhythmisch, angenehm und nicht kreischend. Es stellt die alltäglichen Tätigkeiten dar.

Das zweite Stück ist sanft und länger, es führt zur Entspannung oder zum Tagträumen. Die Töne entführen uns in unser Innerstes.

Das dritte Musikstück, kürzer, fröhlich und positiv, bringt uns zurück in den Alltag mit viel Energie und Sonne im Herzen!

Die Anti-Stress-Pause am Nachmittag

◎ Tropfen Sie ein wenig ätherisches Lavendelöl in eine Handfläche und reiben Sie die Handflächen aneinander, um das Öl zu verteilen. Legen Sie dann Ihr Gesicht mit geschlossenen Augen in Ihre Hände. Stellen Sie sich farbenprächtige, weite Landschaften vor.

◎ Reiben Sie erneut die Hände, öffnen Sie die Augen, massieren Sie Ihren Hals und kehren Sie in völliger Harmonie mit sich selbst in die Gegenwart zurück.

Ruhepause

◎ Meditieren Sie ausgestreckt auf Ihrem Bett. Achten Sie auf Ihre Atmung. Lassen Sie sich dann ohne Gegenwehr in den Schlaf sinken.

Mischen Sie für ein entspannendes Massageöl in einem kleinen Fläschchen Mandelöl mit fünf Tropfen ätherischem Lavendelöl. Kampferöl ist bei Grippe oder Angina besser geeignet.

Harmonie aus der Natur

Die Monodiät

◎ Gönnen Sie Ihrem Körper mit einer Monodiät einmal wöchentlich eine Ruhepause. Das Prinzip besteht darin, an einem Tag nur ein einziges Nahrungsmittel zu essen. So kann sich Ihr ganzer Verdauungstrakt erholen.

◎ Sie können einen Obsttag einlegen (ein Tag, an dem Sie nur Obst essen), einen Gemüsetag oder einen Apfeltag (das bedeutet so viele Äpfel, wie Sie mögen, roh, gekocht, als Kompott). Protein- oder Kartoffeltage sollten Sie jedoch vermeiden!

◎ Denken Sie daran, ausreichend zu trinken, verzichten Sie auf Kaffee oder Schwarztee.

◎ Legen Sie Ihren Monodiättag falls möglich auf einen freien Tag, an dem Sie lesen, sich eine DVD ansehen oder spazieren gehen können.

Gute-Laune-Frische am Morgen

◎ Zerdrücken Sie einmal wöchentlich eine Frucht, z. B. Erdbeere oder Kiwi und putzen Sie sich mit dem Fruchtfleisch die Zähne.

◎ Die Fruchtsäure reinigt den Zahnschmelz und erfrischt den Mund auf natürliche Weise. Putzen Sie anschließend mit Zahnpasta, gut ausspülen! Ein fröhliches und sonniges Gefühl wird Sie am Vormittag begleiten.

Energie-Snack

◎ Mischen Sie Mandeln und Haselnüsse, fügen Sie Rosinen hinzu, die Sie einige Stunden in Wasser eingeweicht haben.

◎ Mischen Sie das Ganze mit Dattel- oder Feigenpüree. Formen Sie aus dem Teig kleine Kugeln. Der perfekte Snack für zwischendurch. Essen Sie nicht zuviel davon. Er ist sehr kalorienreich!

Nagelpflege

◎ Bereiten Sie einen intensiven Dillaufguss vor, baden Sie mindestens zehn Minuten Ihre Finger darin. Bewegen Sie dabei die Finger langsam.

◎ Massieren Sie anschließend einen Nagel nach dem anderen mit etwas Olivenöl oder Mandelöl, um sie zu nähren und weich zu machen. Massieren Sie auch die Fingerkuppen.

GÖNNEN SIE IHREM KÖRPER MIT DER MONODIÄT EINMAL WÖCHENTLICH EINE RUHEPAUSE!

3. WOCHE

Zeit für mich

Sie können in jedem Alter Ihre Motorik verbessern. Warum? Ganz einfach, weil uns der Alltag zwingt, täglich eine Vielzahl widersprüchlicher Bewegungen durchzuführen! Den Kopf nach vorne gebeugt, das Smartphone zwischen Schulter und Hals eingeklemmt, während Sie etwas in Ihrer Tasche suchen usw. Um Ihre Geschmeidigkeit zu erhalten und den ganzen unteren Teil Ihres Körpers zu entspannen, hier eine kleine Übung, die zeigt, dass Sie mit einer guten Körperhaltung viel Energie sparen können und sich Stress vermeiden lässt. Das gilt bei der Arbeit oder zu Hause, im Stehen oder im Sitzen.

- Heben Sie einen Fuß, drehen Sie ihn zunächst in die eine, dann in die andere Richtung, bewegen Sie dabei bewusst den Knöchel. Bewegen Sie den anderen Fuß ebenso.
- Heben Sie ein Knie, lassen Sie den Unterschenkel in beide Richtungen kreisen, halten Sie das Knie gerade. Bewegen Sie das andere Knie ebenso.
- Legen Sie die Hände auf Ihre Hüften, heben Sie das rechte Knie, öffnen Sie das ganze Becken und richten Sie Ihr Knie nach rechts, ziehen Sie mit dem Knie Kreise, damit sich Ihre Hüfte dreht. Dann bewegen Sie das linke Bein ebenso.
- Die Hände noch immer auf den Hüften, atmen Sie ein und aus, drehen Sie dabei langsam das Becken nach rechts. Kehren Sie zur Mitte zurück, ein- und ausatmen, kippen Sie dabei das Becken nach vorne. Einatmen und zur Mitte zurückkehren, ausatmen und das Becken leicht nach hinten kippen.
- Kehren Sie ins Zentrum zurück und beginnen Sie langsam mit Ihrem Becken zu kreisen. Sie spüren, dass es sich löst und geschmeidig wird. Dann kreisen Sie in die andere Richtung.
- Strecken Sie Ihre Arme zur Decke, um die Wirbelsäule gut zu dehnen, atmen Sie gleichmäßig und entspannen Sie sich.

FÜHREN SIE DIESE BEWEGUNGEN TÄGLICH DURCH. IHR KÖRPER WIRD GANZ AUTOMATISCH DANACH VERLANGEN.

Entspannen mit Kunst

Mandala des emotionalen Loslassens

◎ Mit diesem Mandala können Sie Ihre traurigen Gedanken oder wiederkehrende Erregung eindämmen. Scannen Sie zunächst das Mandala, um es ein weiteres Mal verwenden zu können. Beginnen Sie in der Mitte des Mandalas, verwenden Sie Braun, Schwarz und Rot.

◎ Zögern Sie nicht, auszustreichen, punktierte Linien usw. zu verwenden. Breiten Sie sich zur Außenseite aus, zunächst mit beruhigenden Farben (Grün, Blau, Violett) dann in der fröhlichen Mischung (Orange, Gelb, Türkis, Rosa).

Coaching-Tipp

Versuchen Sie, eine Woche lang, täglich dieses Mandala auszumalen. Wünschen Sie sich Verbesserung, respektieren Sie jedoch Ihre augenblickliche Stimmung. So werden Sie effektive Fortschritte beim Erreichen Ihrer Gelassenheit machen. Begleiten Sie das Ende des Ausmalens mit tiefem Ein- und Ausatmen, achten Sie dabei auf einen entspannten Rücken.

◎ Notieren Sie mit wenigen Worten, welche Art von Harmonie Sie im Alltag entwickeln möchten:

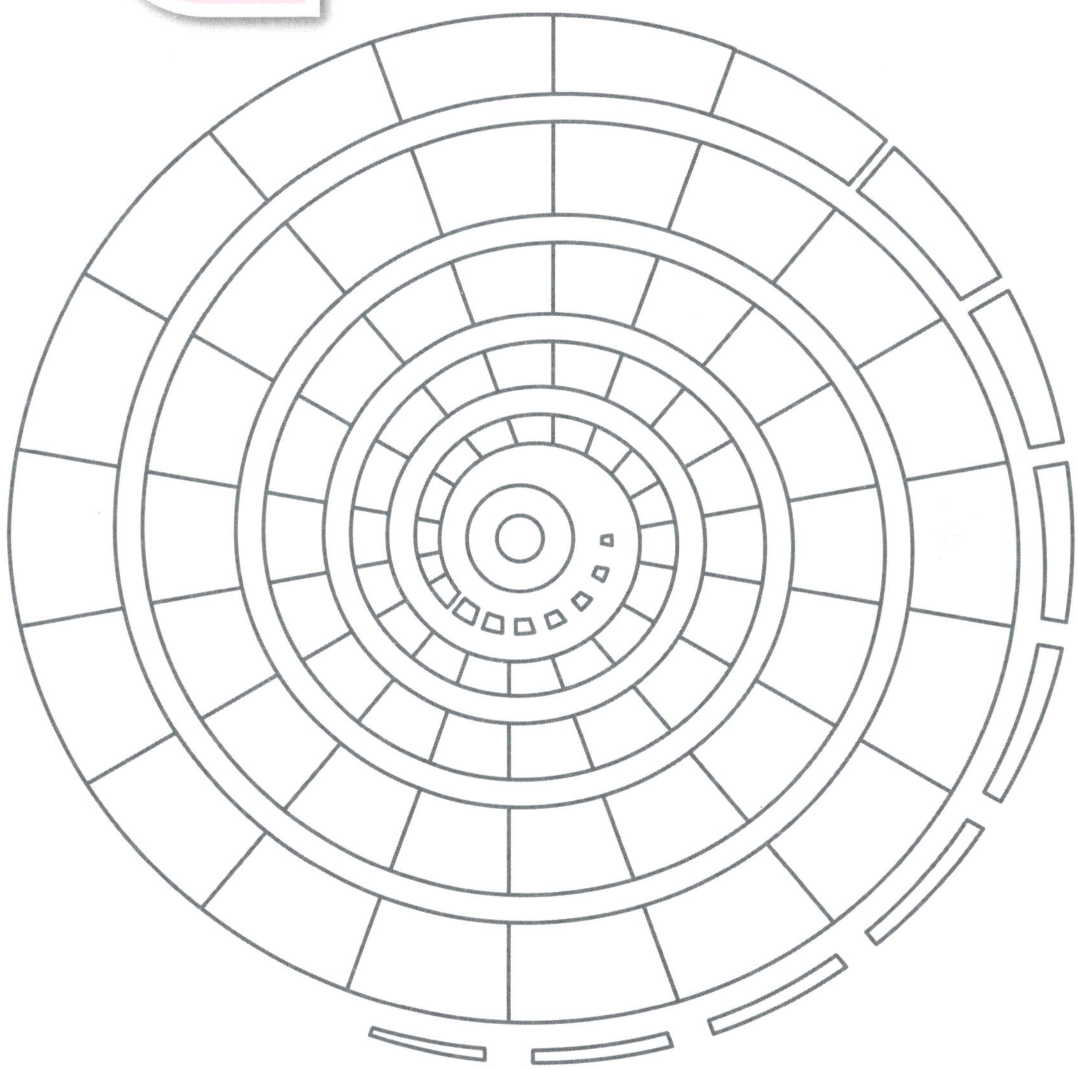

Mein Weg zum Wohlbefinden

Am Morgen unter der Dusche

◎ Richten Sie den lauwarmen Strahl mit kreisenden Bewegungen auf die Nieren und genau darüber auf die Nebennieren. So gewinnen Sie Energie für den Tag. (Wenn Sie sich nach vorne neigen, fällt es leichter).

◎ Beenden Sie die Massage im Herzzentrum auf Höhe der Brust, da die Stimulation der Herz-Nieren-Achse wichtig ist.

Am Morgen finde ich zu mir

◎ In öffentlichen Verkehrsmitteln oder bei der Arbeit: Legen Sie die Fingerkuppen Ihrer Hände aneinander. Drücken Sie zunächst die beiden kleinen Finger gegeneinander, atmen Sie durch die Nase ein und aus, drücken Sie dann die beiden Ringfinger bis hin zu den Daumen und zurück bis Sie wieder an den kleinen Fingern angelangt sind. Atmen Sie weiter tief durch die Nase ein und aus.

◎ Wiederholen Sie die Übung zweimal. So fördern Sie direkt Ihre Entspannung und die Harmonisierung Ihrer Hirnaktivität.

Am Nachmittag konzentriere ich mich

◎ Zeichnen Sie eine große horizontale Acht (Zeichen der Unendlichkeit) auf ein Blatt Papier, stellen Sie diese Zeichnung vor sich auf. Fahren Sie die Linien mit den Spitzen Ihrer fünf Finger der rechten Hand nach. Beginnen Sie im Zentrum der Acht. Bewegen Sie die Hand nach links, zeichnen Sie den ersten Bogen nach und folgen Sie dann der unteren Linie.

◎ Wenn Sie der Rundung folgen, um zum oberen Bogen zu gelangen, drehen Sie Ihre Handfläche zur Decke und folgen dem Bogen, der nach unten verläuft. So regen Sie Ihr Handgelenk zur intensiven Bewegung an.

◎ Setzen Sie die Bewegung durch das Zentrum der beiden Bögen nach unten fort. Bei der folgenden Aufwärtsbewegung richtet sich die Handfläche natürlich nach unten, bis Sie wieder im Zentrum der liegenden Acht sind.

◎ Führen Sie diese Übung dreimal mit der rechten Hand durch, dann mit der linken.

Vor dem Einschlafen

◎ Legen Sie Ihre Hände auf beide Seiten Ihres Kopfes und ziehen Sie die Knie an. Atmen Sie dabei ein.

◎ Atmen Sie langsam aus und senken die Knie zur rechten Seite des Körpers, drehen Sie dabei den Kopf zur linken Seite.

◎ Ziehen Sie die Knie wieder an, atmen Sie ein und wiederholen Sie die Bewegung zur anderen Seite. Führen Sie die Übung sechsmal durch.

Jede Aktivität wird sich, vor allem durch Ihr intensives Engagement und Ihren Willen, sich vollständig einzubringen, zum Vorteil entwickeln!

Harmonie aus der Natur

Die Wohltat der Ballaststoffe

- Am Abend das Nahrungsmittel für den nächsten Morgen einweichen: Legen Sie drei Backpflaumen in eine kleine Schale, mit Wasser bedecken und über Nacht einweichen lassen.
- Trinken Sie am folgenden Morgen zunächst das Wasser, dann essen Sie die Backpflaumen.
- Sie nehmen sowohl einen Sud, der sanft Ihre Verdauung anregt, sowie wichtige Ballaststoffe zu sich.

Die Wohltat der ätherischen Öle

Atmen Sie mit einem Zerstäuber ätherisches Zitronen- oder Rosmarinöl ein. Das begünstigt Ihre Stimmung.

- Am Morgen: ätherisches Ingweröl zur Motivation.

- Während des Tages: Pfefferminze oder Eukalyptus zur Förderung der Konzentration.

- Am Abend: Mit 2 Tropfen ätherischem Lavendelöl auf dem Kopfkissen schlafen Sie wohlig ein.

- Atmen Sie Majoran, Basilikum oder Bergamotte ein, um Angstzuständen entgegenzuwirken.

Mineralstoffreiche Rezeptidee

- Bereiten Sie ein vegetarisches Gericht zu: eine Quiche mit Brennnesseln und Champignons. Die Brennnessel ist besonders mineralstoffreich und wirkt sich auf den gesamten Stoffwechsel aus. Ihre Blätter sind reich an Vitamin C, Eisen und Kalzium. Sie hilft auch gegen ein Stimmungstief. Sammeln Sie eine Salatschüssel voll Brennnesseln (am besten mit Handschuhen und in der freien Natur). Pflücken Sie nur so viel, wie Sie benötigen.

- Die Blätter gut waschen und etwas trocknen lassen.

- Dünsten Sie sie einige Minuten mit 250 g Pilzen, einer gewürfelten roten Paprikaschote und etwas Knoblauch in Olivenöl in der Pfanne.

- Schlagen Sie drei Eier auf und fügen 120 ml Milch hinzu.

- Drücken Sie den Blätterteig in die Form und geben Sie die Brennnessel-Pilz-Mischung darauf, die Eier mit der Milch und den Käsewürfeln darübergeben. Die Quiche bei 200 °C 30 Minuten im Backofen backen. Fertig!

Pflücken Sie im Frühling Löwenzahn-, Brennnessel- und Schneckenkleeblätter, waschen und trocknen lassen. Vermengen Sie sie, um Kräuter zu erhalten, die Sie auf Ihren Salat streuen können. Damit steuern Sie Ihrer Ernährung wichtiges und kräftigendes pflanzliches Eiweiß bei!

4. WOCHE Zeit für mich

Nach Galien, einem griechischen Arzt der Antike, ist die Thymusdrüse das Organ, in dem die Seele und der Geist miteinander verbunden sind. Sie ist die Verbindung des Psychischen mit dem Physischen, da sie das erste Organ ist, das von Gefühlsbewegungen beeinflusst wird: Furcht, Unsicherheit, Angst und Stress. Die Thymusdrüse gehört zur Familie der endokrinen Drüsen. Diese Drüsen regeln mehrere Funktionen des Körpers, u. a. den Stoffwechsel, die Fortpflanzung, den Schlaf, die Körpertemperatur, den Appetit usw. Die Thymusdrüse spielt für das Immunsystem eine bedeutende Rolle. Daher ist es ratsam, sie regelmäßig zu stimulieren.

Massieren der Thymusdrüse

Wiederholen Sie diese Übung täglich, zu Hause oder am Arbeitsplatz. Sie entwickeln damit Lebensfreude, steigern Ihre Energie und Vitalität und stimulieren das Immunsystem. Die wohltuende Wirkung wird sich rasch einstellen.

◎ Klopfen Sie entschlossen aber sanft mit den Fingergliedern der rechten Faust ungefähr 30 Sekunden auf die Region der Thymusdrüse (hinter dem Brustbein im Zentrum der Brust). Singen oder lachen Sie dabei, dann wechseln Sie die Hand. Die Übung sollte immer nur eine Minute Ihres Tages einnehmen!

◎ Das kleine Plus: Man sagt, dass die Thymusdrüse im Chakra des Herzens (Energiezentrum der Liebe zu sich und anderen) eingebunden ist. Stärken Sie daher diese wertvolle Drüse, die sich gerne in den Dienst Ihrer Gesundheit stellt. Dafür können Sie auch, wenn Sie zum Beispiel einen Film ansehen, die entsprechende Reflexzone an den Füßen stimulieren. Senden Sie durch Druckmassage mit dem Daumen beliebig Reize an diese Stelle.

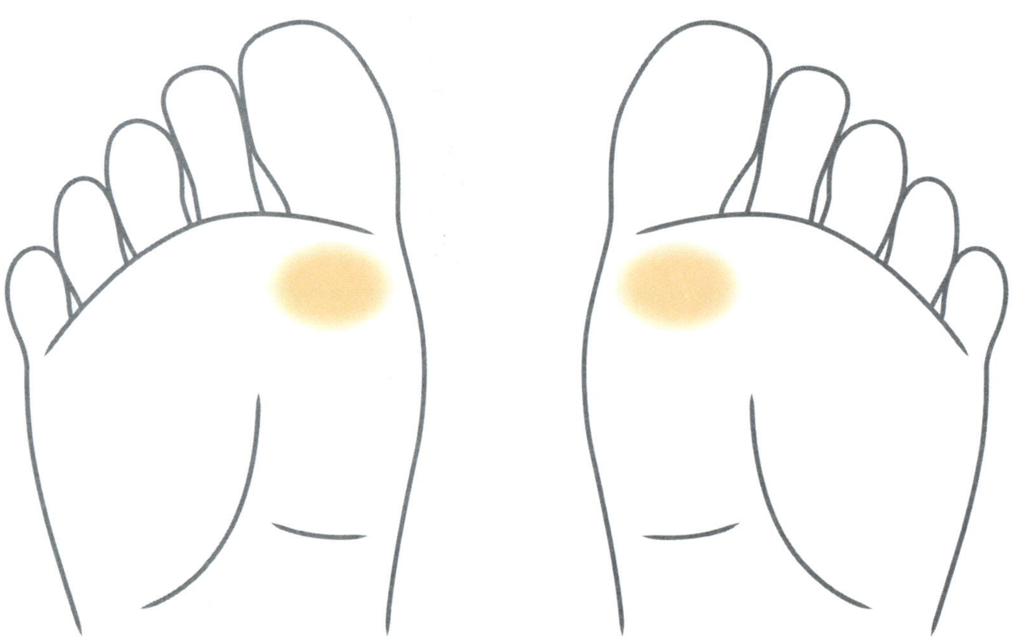

DIE WOHLTUENDE WIRKUNG WIRD SICH RASCH EINSTELLEN!

Entspannen mit Kunst

Mandala der Alltagsflucht

◎ Wählen Sie Ihre Fluchtfarben: Türkis, Creme, Orange, Blaugrün. Sie können die Flügel konsequent in denselben Farben ausmalen oder z. B. nur die kleinen Herzen oder Kreise, um eine Einheit zu schaffen. Handeln Sie nach Ihrer Eingebung, ohne darüber nachzudenken.

◎ Notieren Sie, welche Art der Alltagsflucht Sie sich wünschen. Ist sie umsetzbar?

Denken Sie über diesen Satz nach:

Die Freude ist unsere Flucht aus der Zeit.

Simone Weil

Coaching-Tipp

Schließen Sie Ihre Augen. Stellen Sie sich eine bunte Szene mit Menschen vor, die Sie besonders mögen. Hören Sie ihre Stimmen und was sie erzählen? Hören Sie zu und entspannen Sie sich dabei.

Mein Weg zum Wohlbefinden

Am Morgen

◎ Trinken Sie nach dem Aufwachen ein Glas Mineralwasser und essen dann etwas Obst. Früchte stehen als Symbol für das Leben. Durch Sonneneinstrahlung gewachsen, geben Sie diese Lebensbotschaft an die Zellen weiter. Wasser versorgt Ihren Körper mit Mineralien, die er benötigt: Der Körper besteht bereits aus 80 % Wasser und benötigt eine regelmäßige Wasserzufuhr.

Durch die Trennung von Berufs- und Privatleben werden Sie nicht alles vermischen. Das fördert ruhige Nächte und erholsamen Schlaf.

Unter der Dusche

◎ Arbeiten Sie an Ihrer Geschmeidigkeit, indem Sie die gesamte Oberfläche der Fußgewölbe mit dem Wasserstrahl mit kreisförmigen Bewegungen massieren. Verstärken Sie den Wasserstrahl, um durch abwechselndes, langsames Nähern und Entfernen des Wasserstrahls eine Massagewirkung an der Ferse zu erzielen. Massieren Sie besonders den Teil des Fußgewölbes, der vor den Ballen liegt (vor dem Zehenansatz). Sie haben hier die Reflexzonen der Nieren, des Herzens, der Leber, der Milz und des Magens. Sie werden sich so vital fühlen, als ob Sie ein kleines Feuer entfacht hätten.

Während des Tages

◎ Legen Sie ein grünes Stück Stoff auf Ihren Schreibtisch. Meditieren Sie und lassen Sie Ihre Augen sich an dieser Farbe „aufladen". Es wird Sie mental beruhigen und die Müdigkeit Ihrer Augen vertreiben. Meditieren Sie mindestens fünf Minuten.

Am Ende des Tages

◎ Gehen Sie durch die Schleuse zwischen den Aufgaben des Tages und des beginnenden Abends. Es sollte keine Interferenzen geben. Schreiben Sie dafür auf ein Blatt Papier, was Sie seit dem Morgen getan haben, anschließend, was Sie am folgenden Tag schaffen wollen. Sie sind also auf dem aktuellen Stand über das, was Sie gemacht haben und vergegenwärtigen sich die Aufgaben für den folgenden Tag. Beschließen Sie, zwischen diesen beiden festgesetzten Punkten etwas anderes zu tun. Keine Verpflichtung sollte diesen kostbaren Moment stören. Dies ist ein Engagement, das Sie mit sich eingehen und an das Sie sich halten!

Harmonie aus der Natur

Einem Gesicht sieht man die Anspannung an, Freude und Verstimmungen des Tages ebenso. Es ist auch unsere Lebensmaske, die jeder eingehend betrachtet. So können Sie Ihr Gesicht wieder glätten: Am besten üben Sie zunächst vor einem Spiegel, dann führen Sie die Übungen nach Instinkt durch, sobald Sie sich müde fühlen. Wählen Sie eine Massagecreme oder für den Abend eine Nachtcreme. So können Sie sich entspannen und leicht in den Schlaf finden. Gleichzeitig ist es eine hervorragende Anti-Falten-Behandlung!

Massieren Sie mit etwas Massagecreme auf den Fingern mehrmals von der Nase zu den Schläfen. Massieren Sie von den Mundwinkeln die Wangen hinauf. Von der Mitte des Kinns, an den Wagen und den Schläfen vorbei bis zur Stirn.

◎ Drücken und pressen Sie mehrmals die Nasenflügel auf beiden Seiten sowie den Nasenrücken.

◎ Dann massieren Sie gleichmäßig hinter den Ohren. Massieren Sie dann sanft Ihre Schläfen.

◎ Geben Sie Creme auf Ihre Finger, klopfen Sie die Creme rund um die Augenpartie leicht ein. Anschließend massieren Sie mit kreisförmigen Bewegungen die Augenpartie. Streichen Sie Ihre Augenbrauen vorsichtig zu den Schläfen hin glatt. Dann unter den Augen in Richtung Schläfen.

◎ Massieren Sie mit kreisenden Bewegungen die Augenwinkel, ziehen Sie dabei die Haut leicht zu den Schläfen.

◎ Gehen Sie zu den inneren Augenwinkeln über (bei der Nase). Pressen Sie wiederholt und lassen Sie wieder los.

◎ Setzen Sie Ihre Finger mittig unter die Nase und heben Sie diesen Teil, ziehen Sie an der Oberlippe, dann an der Unterlippe.

◎ Massieren Sie zum Schluss Ihren Nacken mit den Handflächen. Schließen Sie die Augen und bleiben Sie ein wenig in dieser Position, um den Moment der Ruhe zu genießen.

◎ Denken Sie im Laufe des Tages daran, Mineralwasser auf Gesicht, Hals, Nacken und Handflächen zu sprühen, um die Haut zu befeuchten und zu nähren. Wenn möglich, befeuchten Sie auch die Füße!

PFLEGEN SIE IHR GESICHT, DENN MAN SIEHT IHM VERSPANNUNGEN DIREKT AN.

Zeit für mich

Nutzen Sie die Kraft der Mineralien

◎ Seit der Antike sind Steine oder Kristalle dafür bekannt, den Menschen in seiner persönlichen Entwicklung zu unterstützen. Die Sumerer und Ägypter waren dafür bekannt, daraus Heilelixiere herzustellen, die nordamerikanischen Indianer unter anderem aus Türkisen (wie die Tibeter), die Ihnen mediale Kräfte aus der Natur verliehen.

Für den Anfang finden Sie hier ein paar bekannte Steine, deren Kraft Sie leicht nutzen können. Wecken Sie das Interesse Ihrer Kinder an diesen Wundern der Natur!

◎ Magnetit ist ein Eisenoxid. Die Griechen setzten es zur Stärkung des Blutkreislaufs und des Nervensystems ein. Verwenden Sie es zur Zentrierung. Machen Sie es sich zur Gewohnheit, diesen Stein insbesondere bei Versammlungen (Familie oder Beruf) bei sich zu tragen. Er erdet Sie mit der Gegenwart und vermeidet, dass Sie sich „ausgelaugt" fühlen. Er kostet zwischen vier und zehn Euro.

◎ Magnete für Ihre Krämpfe: Der in Form von Magneten bearbeitete Magnetit wird zunehmend von Kinesetherapeuten eingesetzt, um Krämpfe zu lindern. Das ist hilfreich, wenn Sie im Sitzen arbeiten. Das Magnetfeld des Magneten stimuliert auch die Endorphine, die zur Schmerzlinderung beitragen. Setzen Sie den Pluspol des Magneten auf Ihren Krampf und begünstigen Sie damit den entzündungshemmenden Vorgang; zur Muskellockerung setzen Sie den Minuspol auf den Krampf.

◎ Der Rosenquarz wird Sie mental beruhigen. Investieren Sie lieber in einen rohen Stein, da die bearbeiteten nicht dieselben Fähigkeiten haben. Es ist der Stein des Herzens, des liebenden Menschen, daher auch für traurige Momente interessant! Stellen Sie ihn auf Ihren Schreibtisch, um den Blick zu besänftigen. Zum Stressabbau nehmen Sie ihn in die Hand.

◎ Der schwarze Turmalin, auch Schörl genannt, ist seit dem Altertum für seine beschützenden Eigenschaften bekannt. Heute wird er von vielen zum Schutz gegen negative Wellen eingesetzt. Er kostet nur ein paar Euro. Legen Sie ihn in die Nähe Ihrer W-LAN-Station!

Die Lithotherapie ist die Kunst, Steine zur Linderung von physischen und psychischen Schmerzen zu verwenden. Die Chinesen sprachen bereits vor dreitausend Jahren darüber, das ist kein Zufall …

WECKEN SIE DAS INTERESSE IHRER KINDER AN DIESEN WUNDERN DER NATUR!

Entspannen mit Kunst

Mandala des Ausdrucks

◎ Beginnen Sie mit den Blütenblättern, geben Sie jedem Blütenblatt eine andere Farbe als die Angrenzende.

◎ Tupfen Sie mit Freude und den Farben Ihrer Wahl das Innere aller anderen Motive aus.

◎ Notieren Sie einige Gedanken über die Akzeptanz der Tatsache, dass man im Leben eine Wahl treffen muss:

Denken Sie über diesen Satz nach:

Die wahre Entdeckungsreise besteht nicht darin, andere Landschaften zu erforschen, sondern mit anderen Augen zu sehen.

Marcel Proust

Gesundheitstipp

Da Sie bereits sitzen, nehmen Sie sich die Zeit, Ihre Schenkel zu massieren, drücken Sie mit beiden Handflächen vom Oberschenkel zum Knie und zurück, um den Blutkreislauf in Gang zu bringen.

Mein Weg zum Wohlbefinden

Am Vormittag

◎ Vertreiben Sie Stimmungsschwankungen in fünf Minuten mit einer besänftigenden Atmung.

◎ Setzen Sie den Daumen Ihrer rechten Hand auf Ihr rechtes Nasenloch und verschließen Sie es. Atmen Sie drei Sekunden lang nur durch das linke Nasenloch.

◎ Verschließen Sie das linke Nasenloch mit Ihrem Zeigefinger, um durch das rechte Nasenloch vier Sekunden lang auszuatmen. Legen Sie eine Pause von einer Sekunde ein.

◎ Atmen Sie durch das rechte Nasenloch ein, halten Sie eine Sekunde inne und atmen Sie durch das linke Nasenloch aus. Verschließen Sie mit dem Daumen das rechte Nasenloch.

◎ Führen Sie diese Übung in Ihrem Rhythmus durch, ohne fünf Minuten zu überschreiten. Im Allgemeinen erzielen Sie einen Erfolg, wenn Sie die Zeit jedes Mal um ein bis zwei Sekunden verlängern. Es ist wichtig, die Luft bei der Atmung in den Bauch mental zu begleiten und zu spüren, dass Sie sich in Form von Kohlendioxid vom Stress befreien, der durch Ihren Mund aus dem Körper austritt. Widmen Sie am Schluss Ihrem entspannten Körper und Ihrem gelockerten Geist noch eine Minute Aufmerksamkeit. Sie können diese Übung auch am Nachmittag durchführen.

Nach dem Mittagessen

◎ Viele haben um diese Zeit ein Nachmittagstief. Setzen Sie sich auf die Stuhlkante, stellen Sie Ihren rechten Fuß auf die Spitze, dann senken Sie Ihr Fußgewölbe nach und nach, bis Sie die Ferse bewusst aufsetzen.

◎ Setzen Sie nun die linke Fußspitze auf, wie zuvor die rechte. Senken Sie das Fußgewölbe des linken Fußes, bis Sie die Ferse aufsetzen.

◎ Führen Sie diese Übung mehrmals nacheinander durch. Wechseln Sie dabei den linken und den rechten Fuß ab. Dann klopfen Sie mit den Handflächen auf beide Schenkel bis hinunter zu den Waden und wieder zurück.

◎ Atmen Sie schließlich mit gekreuzten Armen langsam ein und dehnen Sie bewusst Ihre Wirbelsäule, indem Sie die Arme über dem Kopf strecken und dabei ausatmen.

◎ Führen Sie die Übung dreimal durch. Sie lässt das Blut zirkulieren und erfüllt Sie mit Energie.

Am Abend

◎ Führen Sie vor dem Schlafengehen in Ihrem Bett die Atemübung vom Morgen durch. Verlängern Sie eigenständig alle Etappen des respiratorischen Zyklus', indem Sie Ihre ganze Aufmerksamkeit auf den Wunsch nach Entspannung richten. So werden Sie ruhig gähnen und das Einschlafen sehr begünstigen.

Die Atmung ist das direkteste Mittel, das Nervensystem zu stimulieren. Man vergisst allzu oft, dass die richtige Atmung der Schlüssel zur Gesundheit sein kann. Daher ist es wichtig, regelmäßig auf seine Atmung zu achten, um diese korrigieren zu können.

Harmonie aus der Natur

Müde Füße

◎ Die Füße tragen uns, daher ist es wichtig, ihnen die größte Pflege zukommen zu lassen, wie den anderen Körperpartien auch. Bedenken Sie, dass manche Rückenschmerzen auf ein schlechtes Gleichgewicht der Fußwölbung zurückzuführen sind, also einfach eine schlechte Grundhaltung!

Fußbad

◎ Geben Sie einmal wöchentlich in 2 Liter kaltes Wasser ein paar Eukalyptusblätter (100 g) und lassen diese 10 Minuten kochen. Nehmen Sie das Wasser vom Herd, fügen Sie 50 g Biokarbonat und 3 Tropfen ätherisches Salbeiöl hinzu.

◎ Wenn das Wasser etwas abgekühlt ist, baden Sie Ihre Füße 10 bis 15 Minuten darin. Setzen Sie die Zehen fest auf, um sie zu massieren, ebenso wie die Fersen und die Seiten.

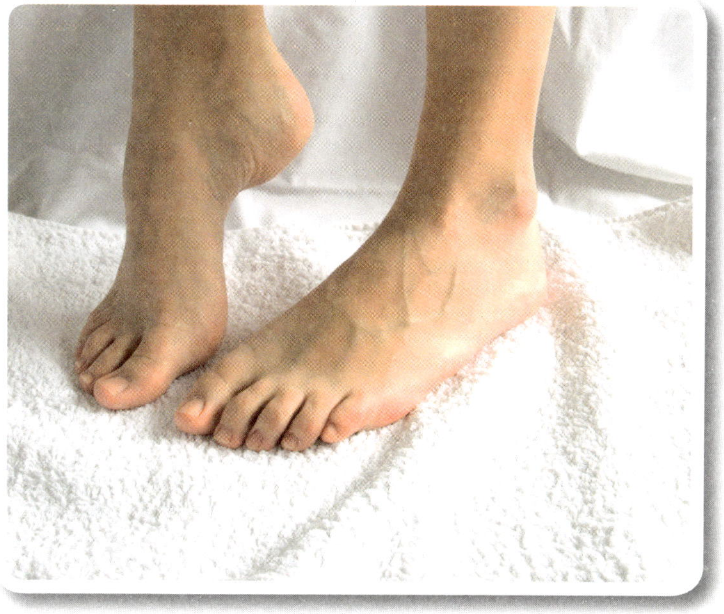

Erfrischendes Abreiben

◎ Schleifen Sie mit dem Bimsstein zunächst die Schwielen ab, die sich beim Gehen bilden.

◎ Mischen Sie dann 250 ml Jod (Meersalze) mit 800 ml destilliertem Wasser, 800 ml Chlorophyllauszug und 4 Tropfen ätherischem Pfefferminzöl. Gießen Sie es in ein Glasfläschchen.

◎ Sobald Sie fühlen, dass Ihre Füße „überhitzen“, massieren Sie sie mit dieser Tinktur.

Müde Füße und schwere Beine

◎ Massieren Sie Ihre Füße und Beine am Ende des Tages oder der Woche.

◎ Mischen Sie eine Handvoll Pfefferminzblätter mit 20 cl Olivenöl. Lassen Sie die Mischung eine Woche ziehen. Filtern Sie das Öl und bewahren es in einem Glasfläschchen auf.

◎ Massieren Sie zunächst Ihren linken Fuß bis zum Knie, dann den rechten.

Das Fußgewölbe entspannen

◎ Strecken Sie im Liegen Ihre Fußspitzen nach hinten und atmen Sie dabei ein. Atmen Sie aus und entspannen Sie den Fuß. Wiederholen Sie dies zwei Minuten lang für beide Füße. Dann atmen Sie ein und strecken dabei die Spitzen nach vorne, atmen aus und ziehen sie nach hinten (Übung zwei Minuten lang langsam durchführen).

UNSERE FÜSSE TRAGEN UNS, DAHER IST ES WICHTIG, IHNEN DIE GRÖSSTE PFLEGE ZUKOMMEN ZU LASSEN!

6. WOCHE

Zeit für mich

Farben wirken auf unsere Stimmung und sogar auf unsere Gelüste ein. Ein Beispiel neuerer Zeit ist das Neuromarketing, bei dem versucht wird, unsere Kaufimpulse zu beeinflussen. Auch Feng Shui gibt den Farben den Vorrang. So kann man die verschiedenen Möglichkeiten, sich mit Farben zu entspannen, ausprobieren und dabei ihre Wohltat erfahren. Der Neuropsychiater Christian Agrapart hat bewiesen, dass der Einfluss mancher Wellen so ist, als nähre und profitiere man von ihren Eigenschaften. Seit dreißig Jahren setzt dieser Arzt Farblicht zur Behandlung von schmerzenden Stellen bei Patienten direkt ein und erhält überzeugende Ergebnisse: Das ist der Nutzen der Farbtherapie.

Farbe zur Entspannung

- Probieren Sie jeden Tag bei Ihrer Kleidung eine neue dominierende Farbe aus. Beginnen Sie mit einer Farbe, die Sie sehr selten tragen, z.B. Blau. Versuchen Sie, bis zum Abend zu ergründen, wie Sie sich damit fühlen.
- Sehen Sie sich unbefangen im Spiegel an: Was empfinden Sie? Fühlen Sie sich Ihnen selbst nahe oder fühlen Sie sich fremd? Empfinden Sie, dass Ihre Lieben Sie anders ansehen? Notieren Sie es.

....

....

....

....

- Tragen Sie am folgenden Tag wieder Ihre üblichen Farbkombinationen. Wie fühlen Sie sich? Fühlen Sie sich sich selbst näher?
- Führen Sie diesen Versuch mit anderen Farben durch und notieren Sie Ihre Empfindungen.
- Tragen Sie dann eine einzige Farbe (zum Beispiel Weiß) und unterbrechen Sie diese Farbe mit einem Accessoire (Brosche, Halskette, Tasche).
- Probieren Sie das neue Ensemble aus und beobachten Sie die Reaktionen Ihres Umfelds. Kombinieren Sie am folgenden Tag zwei Farben, eine für das Ober- und eine für das Unterteil. Probieren Sie es aus, schreiben es auf und werten es aus.

....

....

....

....

....

- Sie werden überrascht sein, wie viele Leute Sie gerne so angezogen sehen, wie manche sich Ihnen näher oder weiter entfernt fühlen werden. Es ist wichtig, zu verstehen, dass Farben Nachrichten beinhalten. Lassen Sie sie sprechen!

- Bei den Mahlzeiten: Beginnen Sie mit geriebenen Karotten, konzentrieren Sie sich dabei auf die Farbe. Lassen Sie Ihre Augen von der Farbe einfangen. Kauen Sie langsam und schweigend und werden Sie sich des Geschmacks bewusst.
- Essen Sie nur rote Tomaten und konzentrieren Sie sich auf die Farbe. Dann fahren Sie mit grünen Kiwis fort.
- Essen Sie zum Schluss rosa Grapefruit-Würfel. Sie haben soeben zehn Minuten Farbmeditation durchgeführt und dabei diese Früchte und Gemüse genossen.

- Schneiden Sie bunte Stoffe aus: Beginnen Sie mit Rot, legen Sie den Stoff am Morgen auf Ihren Schreibtisch.
- Richten Sie zehn Minuten lang Ihre Augen darauf und spüren Sie die Energie, die sich dabei aufbaut. Verwenden Sie an einem anderen Tag Orange: Richten Sie Ihre Aufmerksamkeit auf den Atmungsapparat. Gelb: Nervensystem. Grün: mehr Ausgeglichenheit. Blau: Besänftigung. Lila: Selbstbeobachtung. Rosa: mehr Fröhlichkeit.
- Gewöhnen Sie sich nach und nach an diese zusätzlichen Farbbäder des Wohlbefindens.

MIT DER FARBTHERAPIE KÖNNEN SIE ENTSPANNEN UND DABEI DIE WOHLTAT DER FARBEN ERFAHREN.

Entspannen mit Kunst

Der Farbfächer (Malerei): Konzentration und Harmonisierung

◎ Malen Sie mit allen Farben, die Sie zur Verfügung haben. Beginnen Sie auf der linken Seite mit den dunkelsten Nuancen, lassen Sie die Farben nach und nach immer heller werden.

◎ Versuchen Sie, die Farbübergänge möglichst harmonisch zu gestalten ohne heftige Farbwechsel.

◎ Definieren Sie in einigen Zeilen, was Sie unter Harmonie verstehen:

Denken Sie über diesen Satz nach:

Die Jugend ist Musik und das Leben des Weisen Harmonie.

Henrik Sienkiewicz

Coaching-Tipp

Schließen Sie die Augen. Stellen Sie sich die Farbe Rosa um sich herum vor. Ein zartes Rosa, das Sie mit Sanftheit umgibt. Sie können sich von Rosenblättern oder von einem rosafarbenen, gelborangen Sommerhimmel inspirieren lassen.

Mein Weg zum Wohlbefinden

Am Morgen unter der Dusche

◎ Genießen Sie einen Augenblick das lauwarme Wasser, das auf Ihren Kopf prasselt, dann klopfen Sie den ganzen Körper nach der Klopfakupressurmethode ab: Klopfen Sie mit den Fingerspitzen auf das Zentrum der Brust, dann auf den Bereich zwischen Hals und Schultern.

◎ Mit der geschlossenen rechten Faust klopfen Sie weiter Ihren Ober- und Unterarm entlang. Wechseln Sie den Arm.
Klopfen Sie auf Ihren rechten Schenkel, heben Sie ihn dabei an, dann den linken. Atmen Sie mehrmals geräuschvoll aus, um sich zu motivieren!

Am Ende des Vormittags

◎ Zum Abbau von Stress und zur Entspannung des Rückens: Setzen Sie sich auf die Stuhlkante, atmen Sie durch die Nase ein. Atmen Sie aus und heben dabei Ihre rechte Handfläche so langsam wie möglich in Richtung Decke. Senken Sie die Hand und führen Sie die Bewegung mit der linken Handfläche durch.

◎ Atmen Sie ein und heben Sie Ihr rechtes Bein über das linke. Atmen Sie aus und drehen den Oberkörper nach rechts und dehnen ihn leicht nach unten.

◎ Wiederholen Sie die Übung mit der anderen Seite. Führen Sie die Übung je dreimal durch. Richten Sie Ihre Aufmerksamkeit auf die bewusste Dehnung des Rückens.

Am Nachmittag

◎ Die übliche Verwendung der Computermaus ruft viele Störungen am Handwurzelkanal und am Handgelenk hervor.

◎ Setzen Sie Ihre Ellenbogen auf den Schreibtisch, um Ihre Unterarme und die Handgelenke zu entspannen.

◎ Schwingen Sie Ihren Unterarm, ohne den Ellenbogen zu bewegen, nach rechts und links, drehen Sie dabei Ihr Handgelenk abwechselnd mit der Handfläche nach oben und unten.

◎ Sie werden alle Muskeln des Unterarms spüren, werden Sie an- und entspannen und Ihr Handgelenk wird entlastet sein. Führen Sie die Übung mit dem anderen Arm durch.

Nach dem Mittagessen

◎ Massieren Sie sanft drei Minuten lang Ihren Bauch mit kreisenden Bewegungen im Uhrzeigersinn, um die Verdauung anzuregen.

Am Abend

◎ Massieren Sie vor dem Einschlafen ausgiebig Ihre Schläfen und die ganze Kopfhaut.

Gewöhnen Sie sich an, die Muskeln der Unterarme zu strecken und die Handgelenke kreisen zu lassen: Diese Körperpartien sind aufgrund der ungünstigen Bewegungen mit der Computermaus, dem Smartphone, dem Tablet usw. oft angespannt.

Harmonie aus der Natur

Farbenfrohe Rezepte

Etwas Farbe auf dem Teller gibt tristen Tagen die Fröhlichkeit zurück. Nehmen Sie Glasschälchen (oder einfache, bauchige Gläser), in denen Sie das unten Zubereitete in der angegebenen Reihenfolge anrichten können.

Etwas Rotes

◎ Mischen Sie eine rote, entkernte Paprikaschote mit 100 ml flüssiger Sahne und 200 g Fetakäse. Fügen Sie Schnittlauch und schwarzen Pfeffer hinzu.

Etwas Orangefarbenes

◎ 300 g geriebene Karotten, Saft einer Orange mit dem Fruchtfleisch, 30 g gemahlene Mandeln.

Etwas Gelbes

◎ Mischen Sie eine gelbe, entkernte Paprikaschote mit Banane; mischen Sie gesondert 20 g Mascarpone mit 100 g Crème fraîche.

Etwas Grünes

◎ Verteilen Sie kleine Würfel einer Avocado und Salatgurke auf die Glasschälchen. Geben Sie etwas Grapefruitsaft und für den Biss ein paar zerstoßene Pistazien darüber. Einen Klecks Mascarpone darauf. Fertig!

Entspannung am Abend

Gönnen Sie sich wöchentlich ein Entspannungsbad

◎ Vermengen Sie ½ Tasse Sonnenblumenöl, ½ Tasse Sesamöl, ½ Tasse Aprikosenöl, 1 Esslöffel Rosenöl.
◎ Geben Sie einige Tropfen dieser Mischung unter das einlaufende, heiße Badewasser und geben Sie sich der tiefen Entspannung hin …
◎ Hören Sie dabei sanfte Musik und entzünden Sie kleine, bunte Kerzen.

Nach dem Bad

◎ Lassen Sie 50 g Mohnblütenblätter in 1 Liter Mandelöl zwei Wochen lang ziehen.
◎ Filtern und in eine Flasche abfüllen.
◎ Tragen Sie dieses wohltuende Öl nach jedem Bad auf Ihren Körper auf.

Zum Einschlafen

◎ Massieren Sie im Liegen Ihre gesamte Stirn, den Hals, den Nacken, die Handflächen und schließlich die Partie rund um die Augen.

7. WOCHE

Zeit für mich

Hier finden Sie eine einfache Tabelle, um „Zwischenbilanz zu ziehen". Wie fühlen Sie sich im Moment und was möchten Sie in diesem Jahr für sich erreichen. Tragen Sie einfach die Antworten ein. Die Felder für „was bin ich" wurden frei gelassen, damit Sie sie mit Ihren eigenen Empfindungen ausfüllen können. Scannen Sie die Tabelle vor dem Ausfüllen, um sie öfters verwenden zu können. Diese Vergegenwärtigung ist in Stresszeiten nützlich und hilft Ihnen dabei, Ihre Ziele neu zu definieren.

Wie bin ich in Bezug auf		Wie ich werden will	Wie ich es erreichen kann
ÄUSSERES			
EMOTIONALES			
GEISTIGES			
SPIRITUELLES			
FAMILIÄRES			
LIEBE			
FREUNDSCHAFT			
BERUFLICHES			

Notieren Sie hier die Themen, die Ihnen unnütz, unwichtig und für Ihren inneren Fortschritt kritisch erscheinen.

Entspannen mit Kunst

Meine Wunschkarte

◎ Schreiben Sie ins Zentrum den Grundgedanken Ihres Selbstverwirklichungswunsches. Dann notieren Sie mit dem Bild des Sees und seiner Zuflüsse auf den vorgeschlagenen Strichen die Möglichkeiten, die daraus entstehen könnten.

◎ Notieren Sie hier ein Engagement, das Sie gerne eingehen möchten:

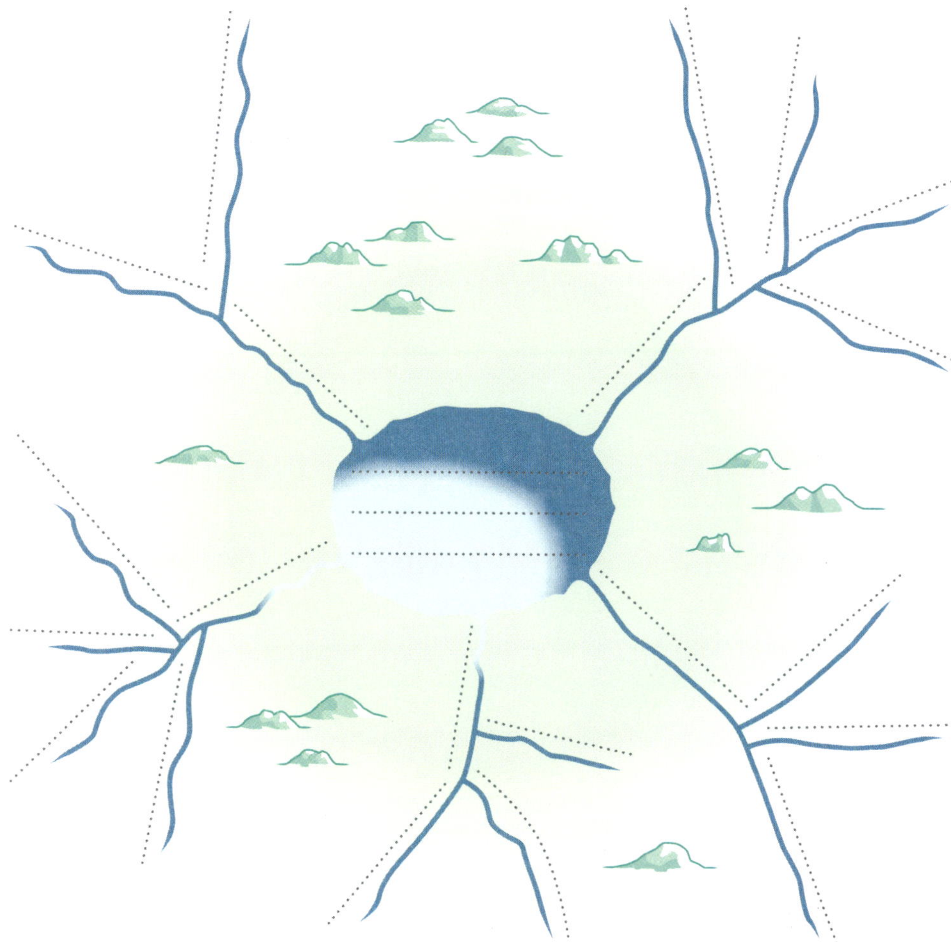

Denken Sie über diesen Satz nach:

Allein die Möglichkeit, einen Traum zu verwirklichen, macht das Leben interessant.

Paulo Coelho

Gesundheitstipp

Atmen Sie im Stehen tief ein, beugen Sie die Knie und atmen Sie aus. Springen Sie in die Luft und atmen Sie dabei ein! Wiederholen Sie die Übung mehrfach, um Ihre Energie wiederzugewinnen und sich zu motivieren.

Mein Weg zum Wohlbefinden

Unter der Dusche

◎ Nach dem Schlafen kann es vorkommen, dass sich der Nacken steif anfühlt. Nutzen Sie die entspannende Massagewirkung des Duschstrahls. Stellen Sie einen lauwarmen, festen Duschstrahl ein und lassen ihn auf Ihren Nacken und die obere Halspartie prasseln.

◎ Dann richten Sie den Duschstrahl auf die Mitte Ihres Kopfes, schließen Sie die Augen falls gewünscht, geben Sie sich dem Gefühl hin, unterstützen Sie mental die Muskelentspannung.

◎ Neigen Sie den Kopf langsam zur rechten Seite, richten Sie ihn auf und neigen ihn zur linken.

◎ Biegen Sie dann den Kopf langsam, ohne Anstrengung, nach hinten.

◎ Den Kopf wieder heben und langsam nach vorne neigen. Führen Sie diesen Zyklus noch zweimal durch. Kreisen Sie zum Schluss den Kopf in eine Richtung: den Kopf nach vorne neigen, nach rechts, nach hinten und nach links. Dann in die andere Richtung.

Am Vormittag

◎ Ein wenig Yoga auf Ihrem Stuhl hilft Ihnen, Stress abzubauen, ohne das Büro zu verlassen! Kreuzen Sie die Finger und legen Sie Ihre Hände auf den Bauch. Halten Sie den Rücken gerade und führen Sie die Übung durch. Beachten Sie die einzelnen Phasen.

1 • Atmen Sie eine Minute bewusst in folgendem Zyklus: Durch die Nase einatmen, den Bauch vorwölben. Durch den Mund mit gespitzten Lippen ausatmen, den Bauch einziehen. Beugen Sie den Oberkörper nach vorne zwischen die Beine, um die ganze Luft aus den Lungen zu pressen.

2 • Atmen Sie durch die Nase ein, legen Sie dabei die Handflächen jeweils auf eine Schulter, atmen Sie durch den Mund aus, drücken Sie dabei mit den Handflächen auf die Seiten, als ob Sie zwei Wände auseinanderdrückten. Wiederholen Sie die Übung dreimal und atmen Sie am Ende tief aus!

Am Nachmittag

◎ Entspannung des visuellen und nervösen Systems: Zeichnen Sie eine große Acht auf ein Blatt Papier. Folgen Sie mit beiden Augen gleichzeitig den Linien der Acht mehrmals in eine Richtung, dann in die andere. Blicken Sie auf den oberen, dann auf den unteren Teil, dann auf die linke, dann auf die rechte Seite der Acht. Wiederholen Sie diesen Zyklus noch zweimal.

Das visuelle System kann für seine Funktion bis zu 80 % der Körperenergie in Anspruch nehmen. Achten Sie daher auf müde Augen. Stress kann entstehen, wenn dieser Aspekt vernachlässigt wird.

Harmonie aus der Natur

Denken Sie über diesen Satz nach:

Jemand, dem es gut geht, ist jemand, dessen Darm gut geht.

Buddha

Die Darmflora schützen

◎ Ihr Immunsystem hängt von der Gesundheit Ihrer Darmflora ab. Kaffee und andere anregende Getränke wie Alkohol begünstigen den Aufbau der Darmflora nicht und Stress führt zu Mineralienverlust …

◎ Probiotika (u. a. Milchprodukte) verhindern die Entwicklung schädlicher Bakterien. Präbiotika (Obst, Gemüse) unterstützen die Entwicklung der Probiotika. Hier ein paar Tipps für eine ausgewogene Darmflora und zur Stärkung Ihres Immunsystems. Bereiten Sie einmal täglich eine Mahlzeit mit wahlweise folgenden Zutaten zu:

◎ Probiotika: Käse, Joghurt, Artischocke, Porree, Getreide, Weizenkeime, Bierhefeflocken …

◎ Präbiotika: das meiste Obst und Gemüse, Hülsenfrüchte, Knoblauch, Zwiebel, Hafer, Gerste …

Hydration, Darmflora und visuelles System sind drei wichtige Aspekte in Ihrem persönlichen Wohlfühlplan, die Sie beachten sollten. Führen Sie jedes Wochenende dieses kleine Ritual durch: Überprüfen Sie, ob Sie diese drei Aspekte ausreichend berücksichtigt haben.

Trinken Sie Wasser

◎ Wissen Sie, dass Wassermangel eine der Hauptursachen für Stress ist? Daher ist Wasser trinken wichtig. Trinken Sie jedoch niemals länger als drei Wochen dasselbe Wasser! Warum? Da jede Quelle eine eigene Zusammensetzung mineralischer Salze und unterschiedlich dosierte Mineralstoffe besitzt. So kann Ihr Körper von den Mineralien in Ihrem momentanen Wasser gesättigt sein und Mangelerscheinungen anderer Mineralien erleiden, die in diesem Wasser nicht vorkommen.

◎ Der Körper besteht aus 80 % aus Wasser.
Es nährt ihn, hilft ihm, Toxine auszuschwemmen und sorgt für eine gute Blutqualität. Wechseln Sie also alle drei Wochen zwischen Quellwasser, das im allgemeinen weniger Mineralstoffe aufweist, und Mineralwasser, das ausgewogener ist, ab.

Entspannen Sie die Augen

◎ Bereiten Sie einen Kamillentee zu (entweder aus Blüten oder mit Aufgussbeutel).

◎ Zwei lauwarme Baumwollpads in den Aufguss tauchen und zehn Minuten auf die geschlossenen Augenlider legen. Entspannen Sie sich bei sanfter Musik.

◎ Verwenden Sie den restlichen Aufguss zur Massage Ihrer Schläfen, des Kiefers und der Partie unter den Ohren. Führen Sie leichte Druckbewegungen durch.

8. WOCHE Zeit für mich

Das Schreiben erfordert Überlegungen, die Wahl der Wörter, eine Sinnkonstruktion ... Ohne zu sehr in Selbstbeobachtung zu versinken, hier ein paar Wege, um Gefühle zu Papier zu bringen. Die einfache Lust, sich mitzuteilen, zu kommunizieren, sich selbst zu überraschen! Lassen Sie los, das Wichtige ist, Ihre Kreativität zu wecken und weiterzuentwickeln. Sie werden diese Übung mit Freude wiederholen und dabei Ihre eigenen Ausgangswörter wählen.

Schreibatelier

1 • Wählen Sie zwei Wörter aus, deren Sinn oder deren Klang Sie anspricht: Sanftheit, Bitterkeit, Freude, Wohlwollen, Dämmerung, Traurigkeit, Landschaft, lieben, gehen, Freiheit, vermindern, Aufgabe, teilen, vergessen, werden, vergangen, wachsen. Sie können natürlich auch andere Wörter wählen.

2 • Finden Sie für jedes der beiden gewählten Wörter durch Gedankenassoziierung drei weitere (woran müssen Sie denken, was ist der genaue Sinn). Sie haben nun acht Wörter.

3 • Definieren Sie Ziele, die Sie erreichen möchten, z. B.: Kontakte wieder vertiefen, Weisheit erlangen, geliebt werden usw.

4 • Wählen Sie nun zwei Empfindungen aus, die Sie mögen, und zwei, die Sie nicht mögen.

5 • Wählen Sie über Gedankenassoziation zwei Orte, die Sie kennen und die zu den acht bereits gewählten Wörtern passen: eine Straße, eine Stadt, ein Zimmer, eine Landschaft, eine imaginäre Welt, ein angenehmer oder unangenehmer Ort ...

6 • Verbinden Sie damit Ihnen nahestehende Personen, mit denen Sie gerne sprechen möchten.

7 • Erzählen Sie auf der Grundlage dieser Elemente, die Sie selbst gewählt haben, von sich. Schreiben und beachten Sie dabei das Ziel, das Sie erreichen möchten. Halten Sie sich an das Schema: Präsentation, auslösendes Element, Entwicklung, Ende. Verfassen Sie zunächst zwei Seiten.

8 • Erfinden Sie mit denselben Elementen eine andere Geschichte, in die Sie sich hineindenken können. Wieder höchstens zwei Seiten!

VERWENDEN SIE EIN HÜBSCHES HEFT FÜR DIESE TÄTIGKEIT.

Entspannen mit Kunst

Mandala der vier Jahreszeiten

◎ Malen Sie jede Jahreszeit so aus, wie Sie sie in der Natur das Jahr über erleben. Beginnen Sie mit dem Winter, um die zyklische Idee des Lichts gut darzustellen, das im Laufe des Jahres zu- und wieder abnimmt.

◎ Notieren Sie Ihre Gefühle für jede der Jahreszeiten:

Denken Sie über diesen Satz nach:

Liebe ist die einzige Blume, die ohne Jahreszeiten wächst und gedeiht.

Khalil Gibran

Coaching-Tipp

Legen Sie eine Handfläche auf Ihr Herz und schicken Sie eine Flut von liebevollen Gefühlen an eine Person, die Sie schätzen. Das wird Ihren Wunsch, im Frieden mit der Welt zu sein, bestärken.

Mein Weg zum Wohlbefinden

Von morgens an

◎ Kurze Entspannung des Oberkörpers unter der Dusche! Richten Sie den lauwarmen Duschstrahl auf die Schultern.

◎ Klimpern Sie mit den Fingern der rechten Hand in der Luft. Beginnen Sie mit dem Daumen bis zum kleinen Finger und zurück. Heben und senken Sie dabei jeden Finger einzeln.

◎ Setzen Sie den linken Ellenbogen in die Handfläche Ihrer rechten Hand. Lassen Sie den ganzen linken Unterarm in eine Richtung kreisen und dann in die andere, ohne dabei den Ellenbogen zu bewegen. Wiederholen Sie die Übung mit dem anderen Unterarm.

◎ Heben und senken Sie mehrmals die Schultern nacheinander, dann kreisen Sie sie von vorne nach hinten, um zu fühlen, wie die Schulterblätter arbeiten. Dreimal durchführen.

◎ Legen Sie Ihre beiden Daumen in die natürliche Vertiefung zwischen dem unteren Ende des Schädels und dem Nacken.

◎ Drücken Sie vorsichtig, drehen Sie Ihren Kopf nach rechts und neigen Sie ihn etwas zur Seite und strecken Sie dabei die linke Seite Ihres Nackens. Kehren Sie zur Mitte zurück und führen dieselbe Bewegung auf der anderen Seite durch.

Am Nachmittag

◎ Um Stress abzubauen, blicken Sie auf den Boden und gehen dabei. Richten Sie Ihre Aufmerksamkeit auf die kleinste Ihrer Bewegungen, die Sie möglichst langsam durchführen. Dadurch befreien Sie sich mental und konzentrieren sich auf sich selbst.

◎ Führen Sie dann, wenn möglich, die Übung rückwärts aus, den Blick nach vorne gerichtet rückwärts gehend, um Muskelverspannungen zu lösen.

Am Abend

◎ Musiktherapie kann den Schlaf begünstigen: Stellen Sie sich vier verschiedene Musikstücke zusammen. Hören Sie sie mit geschlossenen Augen (Kopfhörer möglich).

◎ Das erste Stück sollte leicht rhythmisch sein, das zweite ein Musikstück, das Sie besonders mögen (Lied oder instrumental), das dritte ist neutraler (ohne besondere Gefühlsregung) und das vierte enthält die Geräusche des Meeres (kostenlos im Internet erhältlich).

MUSIKTHERAPIE KANN DAS EINSCHLAFEN UND EINEN ERHOLSAMEN SCHLAF BEGÜNSTIGEN.

Harmonie aus der Natur

Halsschmerzen

◎ Halsreizungen sind natürlich. Die Stimmbänder arbeiten, sind Bakterien und Verschmutzung ausgesetzt und Infektionen breiten sich begünstigt durch diese Reizungen aus. Gurgeln Sie regelmäßig: Geben Sie ½ Teelöffel Salz in 200 ml lauwarmes Wasser, das reduziert 40 % des Risikos im Laufe des Winters eine Halsenzündung zu bekommen! Gurgeln Sie möglichst morgens und abends. Variieren Sie das Wasser mit ½ Teelöffel Kurkuma (antioxidierend).

◎ Wenn Sie eine beginnende Angina spüren: eine halbe Zitrone, 1 Teelöffel Honig, in 1 Glas Wasser vermischen und dreimal täglich trinken.

◎ Übergießen Sie bei Bläschen im Mund einen Thymianzweig mit warmem Wasser und gurgeln Sie damit.

Zahnschmerzen

◎ Drücken Sie eine Gewürznelke gegen den schmerzenden Zahn oder die Stelle des Zahnfleischs.

◎ Legen Sie bei heftigen Zahnschmerzen einen Eisbeutel auf die schmerzende Stelle. Sie können das Zahnfleisch oder den Zahn auch mit einer zerdrückten Knoblauchzehe einreiben. Knoblauch entwickelt besondere antibiotische Eigenschaften. Großmutters Hausrezepte, die heute noch wirken!

Anti-Karies-Ernährung

◎ Nach einer süßen Pause mit Bonbons oder einem Schokoriegel können Sie zum Neutralisieren Folgendes essen:

Käse verfügt über wichtige Bestandteile, die helfen den Zähnen Mineralien zuzuführen, und enthält Lipide, die die Zähne mit einem Schutzfilm überziehen.

Nüsse oder Körner sind nicht kariesfördernd und neutralisieren die Säure, nachdem Sie etwas Süßes gegessen haben.

Eine Frucht fördert gut gekaut den Speichelfluss, der die Säure neutralisiert. Da Früchte jedoch süß sind, sollten Sie nur eine essen! Trinken Sie Fruchtsaft mit einem Trinkhalm, so vermeiden Sie den Zucker an den Zähnen.

Der Schlaf

◎ Ein Aufguss aus Baldrianwurzel hilft Ihnen beim Einschlafen. Sie können Passionsblüten oder Kamilleblüten hinzufügen.

◎ Fügen Sie eine Zitronenscheibe hinzu, da der Geschmack sehr „markant“ ist!

Zeit für mich

Entspannung durch Licht

◎ Durch das knappe Licht im Winter ermüdet der Körper schneller, die körperlichen und geistigen Abwehrkräfte nehmen ab und die Stimmung wird davon beeinträchtigt. Hier ein paar Tipps, um die dunkle Jahreszeit besser zu ertragen.

◎ Sie müssen ein wenig Geld ausgeben, aber das wird sich lohnen. Die Investition kann ein nützliches Geschenk für die ganze Familie sein. Diese Geräte sind als zusätzliche Hilfen gedacht. Wenn die Probleme anhalten, suchen Sie ärztlichen Rat.

Lampen für Lichttherapie

◎ Sie gleichen den Lichtmangel aus, der im Winter oft auftritt. Bei einer täglichen Anwendung von einer halben Stunde mit einer Beleuchtungsstärke von 10.000 Lux hilft sie Ihnen, den Lichtmangel auszugleichen. Das Lichttherapiegerät wird in 60 cm Abstand zum Körper aufgestellt, dabei dürfen Sie nicht direkt in die Lampe blicken. Wenden Sie die Therapie in den Morgenstunden an, da sie aktivierend wirkt. Nach zwei Wochen können Sie bereits eine Verbesserung feststellen.

◎ Bestimmte Lampen sind für das Büro geeignet. Großflächige Lampen können während des Frühstücks brennen und so die ganze Familie „aufhellen"!

◎ Beachten Sie die Medizinprodukterichtlinie für die Geräte (CEE 93/42).

Lichtwecker

◎ Das Prinzip, wie der Name schon sagt, besteht darin, den Körper langsam, schrittweise aufwachen zu lassen im Gegensatz zum regulären Wecker! Durch das zunehmende Licht reduziert sich die Melatoninausschüttung (Schlafhormon), dafür wird die Cortisolproduktion (Hormon des Aufwachens) angeregt.

◎ Der Lichtwecker wird auf Ihrem Nachttisch 20 bis 30 Minuten vor der eingestellten Aufwachzeit aktiv.

◎ Von Interesse: Manche Lichtwecker verfügen über eine Dämmerungssimulation, mit der die Helligkeit nach und nach reduziert wird. Für alle, die Mühe haben, ohne Licht einzuschlafen (Erwachsene oder Kinder), ist das sehr effektiv! Der Wecker kann auch auf Nachtlicht eingestellt werden.

Eine Salzkristall-Leuchte strahlt schwaches Licht aus und kann Ihnen durch die zartrosa Farbe helfen, vor dem Einschlafen Stress abzubauen. Programmieren Sie die Zeitschaltuhr so, dass die Lampe sich ausschaltet, wenn Sie eingeschlafen sind.

MIT DER LICHTTHERAPIE KÖNNEN SIE SOGAR MITTEN IM WINTER IHREM KÖRPER ENERGIE ZUFÜHREN.

Entspannen mit Kunst

Malen mit den Farben des Lebens

◎ Nehmen Sie Farbe und malen Sie zunächst den Hintergrund der Blumen nach Belieben aus. Dann hauchen Sie dem Bild Leben ein, indem Sie nur mit dem Baumwollstiel tupfen.

◎ So werden Sie ein Bild malen und währenddessen an Ihrem Stresslevel arbeiten!

◎ Notieren Sie, wie sich für Sie das Gefühl der Freude darstellt:

Denken Sie über diesen Satz nach:

Die Freude ist eine Stärke, nutze sie.

Dalai-Lama

Gesundheitstipp

Lassen Sie Ihre Augen über die Farben Ihrer Zeichnung schweifen, atmen Sie ein und halten Sie die Schultern gerade, drücken Sie Bauch und Lungen nach vorne, dann atmen Sie aus und ziehen Bauch und Lungen ein. Genießen Sie die Ruhe, die Sie in sich entwickeln.

Mein Weg zum Wohlbefinden

Am Morgen

◎ Führen Sie einen Körperscan durch (unter der Dusche, im Sitzen oder stehend): Atmen Sie durch die Nase ein und atmen Sie wie durch einen Strohhalm wieder aus. Achten Sie beim Ausatmen darauf, Ihr Gesicht und den Nacken zu entspannen, falls dieser steif ist. Massieren Sie gleichzeitig Ihr Gesicht.

◎ Machen Sie mit dem Oberkörper weiter. Erfühlen Sie, ob es Verspannungen gibt und falls ja, massieren Sie diese mit den Handflächen. Lockern Sie Ihre Unterarme mit Drehbewegungen.

◎ Dann gehen Sie zum Becken und den Lendenwirbeln über. Klopfen Sie auf den unteren Teil Ihres Rückens, beugen Sie den Oberkörper leicht nach vorne. Klopfen Sie am Schluss, falls nötig, mit Ihren Handflächen auf die Schenkel und die Waden.

◎ Wiederholen Sie die Übung am Nachmittag.

Am Nachmittag

◎ Schreiben Sie negative Gedanken gut sichtbar auf ein großes weißes Blatt, um diese zu verscheuchen. Dann nehmen Sie das Blatt und zerreißen es heftig.

◎ Legen Sie alle Energie in diese Geste und werfen Sie das Papier in den Papierkorb. Vergegenwärtigen Sie sich, dass Sie diese negativen Gedanken nun endgültig los sind!

◎ Machen Sie das für alle störenden Gedanken oder Vorstellungen.

Am Spätnachmittag

◎ Um den Gang durch die Schleuse zwischen Berufs- und Privatleben zu erleichtern, nehmen Sie sich die Zeit für eine Massage der Mitte der Handflächen bevor Sie den Arbeitsplatz verlassen. Machen Sie sich klar, dass Sie die Sorgen des Büros dort lassen. Massieren Sie mit dem Daumen Ihrer rechten Hand mehrmals das Zentrum der linken Handfläche bis zum Handgelenk, dann vom Zentrum zu den Ballen vor den Fingern.

◎ Drücken Sie intensiv auf die Innenseite der Handflächen und massieren Sie genau die Mitte der Handfläche mit kreisenden Bewegungen. Wiederholen Sie anschließend die Übung mit der anderen Hand.

Am Abend

◎ Denken Sie daran, einfach abzuschalten. Legen Sie Ihre Füße hoch, um den Blutkreislauf anzuregen und sich zu entspannen.

Harmonie aus der Natur

Vitalität durch Keimlinge

◎ Einfach anzubauen und lecker im Geschmack: Die Keimlinge tragen bereits die ganze Kraft der ausgewachsenen Pflanze in sich.
◎ Zum Salat hinzufügen oder einfach so essen; Sie sollten die Keimlinge auf jeden Fall gut kauen, um die Enzyme freizusetzen.
◎ Sie können sie auf eine mit Wasser durchtränkte Watte setzen (die Watte jeden Tag erneuern) und nicht direktem Sonnenlicht aussetzen. Oder kaufen Sie sich ein kleines Keimgerät im Bioladen.

◎ Drei bis fünf Tage genügen, um sie aufzubrauchen. Ihre Eigenschaften:

Getreidesprossen (Weizen, Buchweizen, Dinkel, Gerste) liefern Enzyme, Vitamine und Einfachzucker.

Sprossen von Hülsenfrüchten (Linsen, grüne Soja, Erbsen, Bohnen) liefern eine Fülle an pflanzlichem Eiweiß.

Keime der Ölfrüchte (Sonnenblume, Lein, Kürbis, Sesam) sind reich an Vitaminen und Spurenelementen.

Pflanzensprossen (Schneckenklee, Klee, Kresse, Senf) sind reich an Chlorophyll, Mineralien und seltenen Mineralstoffen.

◎ Richten Sie eine Woche im Monat ein, in der Sie Ihr Gesundheitskapital wieder aufbauen.

◎ Es gibt bereits vorbereitete Mischungen und manche werden schon keimend verkauft (Bioladen). Kinder lieben sie!

Der vitaminisierte Tee

◎ Mit einer Orange + 1 Teelöffel Honig + warmem Wasser decken Sie fast Ihren Tagesbedarf an Vitamin C.

◎ 1 Esslöffel Brennnesseln in kochendes Wasser geben, 5 Minuten ziehen lassen, liefert Eisen und Kalzium.
Trinken Sie den Aufguss dreimal täglich, um den Tagesbedarf zu decken.

10. WOCHE Zeit für mich

Wenn es vollkommene Entspannungsbewegungen wirklich gibt, findet man diese im Yoga! Beim Sonnengruß bewegen Sie Ihren ganzen Körper und Sie können Ihre Atmung harmonisieren. Natürlich gehen Sie schrittweise vor, je nach persönlicher Form. Selbst bei täglich nur einmal sieben Sonnengrüßen erlangen Sie Fitness und zuverlässige Entspannung.

- Beenden Sie die Übung durch Abreiben des ganzen Körpers: Reiben Sie den Oberkörper und Beine mit Ihren Handflächen rasch ab.
- Nehmen Sie sich dann möglichst etwas Zeit, um angenehme Musik zu hören, einen grünen Tee oder Ingwertee zu trinken und um Ihrem Körper wieder Flüssigkeit zuzuführen.

MIT YOGA KÖNNEN SIE SICH GLEICHZEITIG ENTSPANNEN UND WIEDER IN FORM BRINGEN.

Entspannen mit Kunst

Familiencollage

- Hier werden Sie Ihren Familienbaum erstellen. Sie sind im Zentrum. Sie können in die Felder entweder Fotos Ihrer Familienmitglieder einkleben oder die Namen eintragen.
- Dann notieren Sie mit Bleistift die Beziehung, die Sie mit der Person verbindet (positiv oder schwierig).
- Richten Sie Ihre Aufmerksamkeit darauf, ob eine Beziehung von einer anderen, außenstehenden Person beeinflusst wird. Ziehen Sie zwischen diesen beiden Personen Verbindungslinien.
- Sie werden bestimmte Situationen aufklären und Lösungen finden. Achten Sie auch auf die Situation am Arbeitsplatz, die Freunde ...

- Notieren Sie einige Sätze, um bestimmte Beziehungen zu klären:

Denken Sie über diesen Satz nach:

Schätzte man seine Familie, möchte man ihr gefallen und wenn man ihr gefallen möchte, wäre man perdu.

Jules Renard

Gesundheitstipp

Stehen mit geschlossenen Beinen. Heben Sie einen Arm mit der Einatmung. Neigen Sie den Oberkörper zur anderen Seite mit der Ausatmung. Drei Wiederholungen für beide Seiten.

Mein Weg zum Wohlbefinden

Am Morgen

- Seifen Sie zunächst alle Gelenke gut ein. Massieren Sie die Schultern, Nacken, Ellenbogen, Handgelenke, Becken, Knie und Knöchel. Massieren Sie intensiv die Gelenke mit dem Duschstrahl in derselben Reihenfolge und waschen Sie die Seife ab. Vitalität garantiert!

Vor dem Mittagessen

- Bereiten Sie sich durch Atemübungen auf das Mittagessen vor. Atmen Sie ein und wölben Sie den Bauch vor, dann atmen Sie länger aus als Sie eingeatmet haben, drücken Ihre Finger auf das Brustbein und beugen sich dabei nach vorne.
- Versuchen Sie, beim Ausatmen am Ende noch dreimal kurz den Atem auszustoßen. Führen Sie die Übung dreimal durch.

Am Nachmittag

- Führen Sie eine Harmoniemeditation durch, um sich zu zentrieren: Erwärmen Sie Ihre beiden Handflächen durch Aneinanderreiben, atmen Sie ein und legen Sie die Handfläche der rechten Hand unter den Bauchnabel und die andere auf das Sonnengeflecht.
- Atmen Sie weiter ein und legen Sie die rechte Handfläche auf das Sonnengeflecht und die linke Handfläche auf die Mitte der Brust.
- Legen Sie zum Schluss die rechte Handfläche auf den Hals und die linke Handfläche auf die Stirn. Schließen die Augen, bleiben Sie einige Augenblicke versunken und nehmen dann Ihre Tätigkeit wieder auf.

Konzentration am Spätnachmittag

- Die Mudra ermöglicht, die Reflexzonen miteinander zu verbinden und zwingt Sie zur Konzentration, um dies gut durchzuführen. Hier sind zwei von ihnen, die Sie langsam durch sanftes Atmen verknüpfen können. Sie können sie leicht bei der Arbeit durchführen und frei welche dazuerfinden.

Harmonie aus der Natur

Wasserkur Hydroxydase®

- Sie ist dafür bekannt ebenso effektiv wie eine Thermalkur zu sein. Das Wasser ist in der Apotheke erhältlich. Sie wird empfohlen, wenn man sich an einem Tiefpunkt befindet, der von Müdigkeit und Verstimmtheit begleitet wird. Reich an Lithium und an Magnesium (antidepressive Eigenschaften) verfügt das Wasser über eine sehr interessante antioxidierende Kraft.
- Sie reinigt Leber und Nieren. Es sollten zwei Fläschchen (200 ml) pro Tag in größerem Abstand zu den Mahlzeiten getrunken werden. Führen Sie bei jedem Jahreszeitenwechsel eine Monatskur durch!

Propolis

- Sie ist ein natürliches Antibiotikum, das Ihrem Organismus bei Erkältung, Verschmutzung, Schnupfen, Angina und Husten hilft. Eingenommen reinigt Propolis Ihre Verdauungsorgane wie ein natürliches Antibiotikum.
- Die günstigste Anwendungsweise finden Sie in der Urtinktur: Geben Sie 7 Tropfen morgens und abends in 1 Glas Wasser.
- Sie ist auch in Form von Lutschpastillen erhältlich. Sehr wirksam in Verbindung mit Gelee Royal!

Leckerer Ingwer

Ein Rezept mit energiespendenden, antiseptischen Eigenschaften:

- 500 g frische Ingwerwurzeln. Den Ingwer schälen und in einen Topf geben.
- Mit Wasser bedecken und 30 Minuten ziehen lassen. Wechseln Sie das Wasser und kochen ihn fünf Minuten. Das Wasser wegschütten und noch zweimal jeweils fünf Minuten in sauberem Wasser kochen.
- Geben Sie 400 g Zucker in einen leeren Topf, den gekochten Ingwer dazu, großzügig mit Wasser bedecken, dann bei kleiner Flamme köcheln, bis das Wasser völlig verdampft ist.
- Wenn der Ingwer durchsichtig ist (sonst die Kochzeit fünf Minuten verlängern), geben Sie ihn auf einen Teller, bestreuen ihn leicht mit Zucker und lassen ihn trocknen.

DIE WASSERKUR HYDROXYDASE IST SO WIRKSAM WIE EINE THERMALKUR!

11. WOCHE Der wechselseitige Austausch

Altruismus: Handeln, um für andere Gutes zu tun, ohne irgendeine Gegenleistung zu erwarten.

◎ Der Altruismus setzt positive Energien, besonders bei Stress, der mit Einsamkeit zu tun hat, frei. Er hilft auch bei einem Stau unbewältigter Emotionen oder bei dem Gefühl, unnütz zu sein … Durch Ihre Entscheidung sich persönlich einzubringen, bieten Sie ein Engagement, das zu sichtbaren Ergebnissen führt. Sie werden zum Spiegel, der das Positive reflektiert. Sie sind dazu fähig! Es ist ein Durchbruch des Herzens und des Geistes im Alltäglichen, es ist einfach, direkt und eine Wohltat für alle!

Nun eine Denkpause, die Ihnen hilft, zu analysieren. Antworten Sie so spontan wie möglich, ohne Wertung. Es geht einfach darum, Bilanz zu ziehen.

◎ Welches waren die letzten uneigennützigen Aktivitäten, die Sie selbst unternommen haben?

◎ Welches waren die letzten uneigennützigen Engagements, die für Sie erbracht wurden?

◎ Setzen Sie die ersten beiden Antworten ins Verhältnis: Gibt es ein Gleichgewicht, ein Missverhältnis oder ein anderes, unerwartetes Gesamtbild? Führen Sie es aus.

◎ Fühlen Sie sich bereit, etwas zu tun, ohne eine Gegenleistung zu erwarten? Was könnten Sie sofort umsetzen?

DER ALTRUISMUS SETZT POSITIVE ENERGIEN FREI: NUTZEN SIE SIE!

Wechselseitige Kreativität

Sie können Aktivitäten ins Leben rufen, die Ihre Angehörigen, Nachbarn oder Fremde einbeziehen. Altruismus bedeutet auch, dass Menschen zusammen handeln, gemeinsam eine Geschichte schreiben und selbst eine positive Zukunft für jeden Einzelnen eröffnen.

Drei magische Wünsche

◎ Das ist die einfachste und direkteste Art zu beginnen. Schlagen Sie drei Personen in Ihrem Umfeld vor, jedem einen einfachen Wunsch, der innerhalb Ihrer Möglichkeiten liegt, zu erfüllen. Keine falschen Versprechungen oder für Sie unerreichbare Ziele!

◎ Bitten Sie einfach im Austausch für diesen Wunsch, dass sich auch jede dieser drei Personen verpflichtet, drei weiteren Personen selbstlos die Erfüllung eines Wunsches anzubieten. Diese drei Personen werden dasselbe tun und so weiter!

◎ Sie haben also eine Ausgangsperson (Sie selbst), die den Bau einer Pyramide gegenseitiger Hilfe beginnt und mit dreifacher Kraft vorankommt!

◎ Um so weit wie möglich zu kommen, wird es irgendwann unerlässlich sein, Personen hinzuzufügen, die Sie wenig oder sogar gar nicht kennen.

◎ In diesem Fall ist es hilfreich, einen (kostenlosen) Blog zu eröffnen, in dem die schon erfüllten Wünsche gelistet werden. Es werden nur die Initialen der teilnehmenden Personen notiert und der Ort, an dem die Wünsche erfüllt wurden.

◎ Die einzige sichtbare Person ist die an der Spitze der Pyramide (Sie selbst, wenn Sie dies wünschen). Die Person zu sehen, die die Verbindung geknüpft hat, gibt den Leuten bei solch einem Unternehmen Vertrauen und Sie erhalten persönliche Anerkennung.

◎ Vielleicht wollen dann auch andere öffentlich sichtbar sein, was das Projekt noch mehr stärken wird.

Diese Art des solidarischen Austausches hat bereits internationale Netzwerke geschaffen und ermöglicht, dass sich Leute treffen, die sich sonst niemals begegnet wären, manchmal sogar Nachbarn.

Kollektive Kunsttherapie

Schlagen Sie Ihrer Familie und Freunden, die teilnehmen wollen, vor, mit dieser Darstellung der Erde ihren ganz persönlichen Touch zu einem vorgeschlagenen Thema hinzuzufügen. Es ist wichtig, vorab diese Zeichnung einzuscannen und zu vergrößern.

Ausmalen, Bilder ausschneiden oder eine Collage, alle Formen des Ausdrucks sind erlaubt, jeder muss nur noch seinen Platz finden.

Thema 1: Die Erde, wie Ihr sie wahrnehmt.

Thema 2: Die Erde, wie wir sie gerne wahrnehmen würden.

Thema 3: Die Erde in ihren Ursprüngen.

Zeit für mich

Hier eine zweite Meditationssitzung (die erste finden Sie in Woche 2). Diese Sitzung ist darauf ausgerichtet, die Signale Ihres Körpers wahrzunehmen und das, was Sie zum Zeitpunkt der Meditation umgibt: Es ist der Augenblick, in dem Sie leben. Dieser Meditationstyp, der „volles Bewusstsein" genannt wird, verlangt zentriert zu sein und gleichzeitig die mit enthaltene Alltäglichkeit zu verstehen, aber auch Beobachter der Phänomene zu sein. Der Abstand, den das verschafft, ist Voraussetzung für Ausgeglichenheit während der Sturm um Sie tobt. Beginnen Sie mit drei Minuten, dann versuchen Sie schrittweise auf fünf Minuten zu steigern usw.

- Sie sitzen entspannt mit geradem Rücken. Wärmen Sie Ihre Handflächen durch Aneinanderreiben, dann massieren Sie zügig Ihr Gesicht und den Oberkörper. Entweder schließen Sie die Augen oder richten Ihren Blick auf den Fußboden.

- Richten Sie in der ersten Minute die Aufmerksamkeit auf die Luft, die Sie durch die Nase ein- und ausatmen. Dann konzentrieren Sie sich auf jeden Teil Ihres Körpers. Beginnen Sie mit dem Gesicht. Ist es verkrampft? Atmen Sie lange aus und stellen Sie sich vor, wie sich Ihr ganzes Gesicht entspannt. Fahren Sie so fort, bis Sie an die Zehen gelangen.

- Jetzt schenken Sie allen Geräuschen, die Sie umgeben, besondere Aufmerksamkeit. Beginnen Sie mit den Geräuschen in Ihrer Nähe. Sie spüren, wie Ihre Ohren alles aufnehmen. Sie spüren jedoch auch eine zweite, spezielle Aufmerksamkeit, das Ergebnis Ihrer momentanen Konzentration.

- Sie gehen zu den weiter entfernten Geräuschen über. Dann erleben Sie mit geschlossenen Augen einfach den Augenblick und genießen dieses Wohlbefinden. Nehmen Sie sich die Zeit, sich zu strecken, um dann Ihre Tätigkeit wieder aufzunehmen.

MEDITATION IST DIE KUNST, JEDERZEIT PRÄSENT SEIN ZU KÖNNEN.

Entspannen mit Kunst

Mandala der Alltagsflucht

- Malen Sie vom Zentrum zur Außenseite. Verwenden Sie alle kalten Farbnuancen (Violett, Blau, Grün) um schließlich zu den warmen Farben zu gelangen (Gelb, Orange, Rot).
- Hören Sie gleichzeitig eine Musik voller Sanftheit und Intensität.

- Notieren Sie detailliert den magischen Ort, an dem Sie sich gerne befinden würden:

. . . .

. . . .

. . . .

. . . .

. . . .

Denken Sie über diesen Satz nach:

Glück findet man nicht, man erschafft es. Glück hängt nicht von dem ab, was uns fehlt, sondern davon, wie wir das nutzen, was wir besitzen.

Arnaud Desjardins

Gesundheitstipp

Fixieren Sie einige Augenblicke das Zentrum der Zeichnung (Zoom), dann lassen Sie den Blick durch die Umgebung schweifen. Wechseln Sie mehrmals zwischen Zoom und Nicht-Zoom ab. Das entspannt Ihr visuelles System.

Mein Weg zum Wohlbefinden

Am Morgen

◎ Die Bewegungen, die die Katze beim Strecken macht, wären perfekt für Sie, um sich am Morgen zu dehnen. Natürlich sollten Sie sich niemals überanstrengen. Respektieren Sie Ihren Rhythmus und Ihre momentanen Möglichkeiten!

◎ Führen Sie die Übung siebenmal durch. Beenden Sie die sieben Übungen, indem Sie Ihr Gesäß nach hinten drücken, stehen Sie mit dem Oberkörper nach vorne gebeugt auf, dann weiten Sie Ihren Brustkorb und bleiben mit den Armen entlang des Körpers stehen.

Am Nachmittag

◎ Bei Stress setzt die Nebenniere Adrenalin frei, die Anspannung steigt und Ihre Abwehrkräfte nehmen ab.

◎ So können Sie die Nebennieren stärken: Legen Sie sich auf den Bauch, verschränken Sie Ihre Hände unter dem Bauch. Atmen Sie ein und heben sie Ihr rechtes Bein hoch (nicht zu hoch).

◎ Halten Sie den Atem einen Moment und legen das Bein zurück. Wechseln Sie das Bein und wiederholen Sie die ganze Übung siebenmal. Atmen Sie in den Rücken.

Am Abend

◎ Setzen Sie sich auf die Fersen, dann drücken Sie Ihre Stirn gegen den Boden und strecken Ihre Arme nach hinten, an den Beinen entlang. So entspannen Sie den ganzen Rücken und verbessern die Blutzirkulation im Gehirn.

◎ Sie können diese regenerierende Übung, die Entspannung garantiert, in nur fünf Minuten durchführen.

Harmonie aus der Natur

Grünpflanzen

Grünpflanzen haben den Vorteil, die Natur ins Haus zu bringen und die Atmosphäre zu „reinigen". Dekorative Pflanzen im Haus (das Schlafzimmer ausgenommen) können zweimal jährlich blühen!

- Stellen Sie an einem trockenen Stellplatz Pflanzen auf, die die Luft befeuchten: Dieffenbachie, Gerbera oder Pothos.

- Gegen die Schadstoffe, die die Möbel freisetzen oder Tabakgeruch: Gummibaum, Kentia.

- Um das in Haushaltsprodukten enthaltene Ammoniak zu neutralisieren: Anthurium, Efeu (passen sich der Küche und dem Badezimmer an).

- Zum Aufstellen neben dem Internetrouter und den Computern: Roter Philodendron, Elefantenfuß und Kaktus.

Obst und Gemüse

Gemüsesäfte helfen das ganze Jahr über (nur Gemüse der Saison verwenden), den Vitaminbedarf zu decken. Mit dem Entsafter können Sie einen Großteil der wichtigen Ballaststoffe erhalten. Bereiten Sie die Säfte mit Äpfeln zu: Apfel-Karotte, Apfel-Rote-Bete, Apfel-Fenchel, Apfel-Sellerie, Apfel-Rotkohl.

- Sie können eine halbe Orange oder Clementine hinzufügen, um den Saft etwas zu süßen oder ihn mit einigen Tropfen Zitronensaft abschmecken. Trinken Sie ein Glas Gemüsesaft vor jeder Mahlzeit.

- Trinken Sie bei schmerzenden Gelenken täglich drei Tassen Sencha-Tee (grüner Tee wirkt besonders entzündungshemmend). Sie können Ihre Speisen auch mit Kurkuma würzen (ebenfalls entzündungshemmend). Bereiten Sie am Abend einen Tee aus Mädesüß zu (blühende Spitzen), der sehr wirksam ist.

Zeit für mich

Energiearbeit: Oft, wenn Müdigkeit und Stress zusammentreffen, fühlen wir uns energielos und „ausgelaugt"! Es ist wichtig, zu erkennen, dass unser Körper auch andere Formen der Energieaufnahme bietet: Sie können Kraft aus der Wahl Ihrer Ernährung ziehen oder aus einem Gedanken, der auf einen dynamischen Erfolg gerichtet ist. Die fernöstlichen Traditionen sprechen von einer universellen Energie, genannt „Prana" oder „Qi", während die westliche Welt vom „Atem" oder von „Aura" spricht.

Diese nährende Energie, die uns umgibt, zirkuliert in unserem Körper durch die Meridiane (Akupunktur) oder die Chakren (energetische Zentren). Die Harmonisierung dieser Energiesysteme, die Ihnen beständig Kraft und Ausgeglichenheit zurückgeben, kann wie unten beschrieben gefördert werden. Verwenden Sie die abgebildete Zeichnung für ein besseres Verständnis der Chakren und den dazugehörigen Farben.

- Im Sitzen, die Hände leicht auf die Knie gelegt, die Handflächen zeigen nach oben, atmen Sie ruhig und schließen dann die Augen.
- Ihre Gedanken richten sich darauf, dem Prana zu ermöglichen, Ihr ganzes Wesen zu durchdringen. Versuchen Sie, die Farben wahrzunehmen, die aus jedem Chakra Ihres Körpers treten (es muss nicht sofort gelingen!).
- Sprechen Sie mit tiefer Stimme den Laut A aus, versuchen Sie, Ihren Unterkörper vibrieren zu lassen. Gehen Sie mit den Lauten O, U, E, I und M in Richtung des Schädels, der beim Laut M schnell vibriert (Ihre Stimme wird auf natürliche Weise höher).
- Stellen Sie sich vor während Sie die Laute bilden, wie die Energie vom Boden zu Ihrem Kopf steigt, den Himmel trifft.
- Dann in entgegengesetzter Richtung, zur Erde zurück: M, I, E, U, O und A.
- Wiederholen Sie die Übung siebenmal. Dann genießen Sie diesen Augenblick der Ruhe, in dem Energie Ihren Körper erfüllt und ihn harmonisiert.

NUTZEN SIE ALLE FORMEN DER ENERGIE, UM SICH IN BESTFORM ZU FÜHLEN!

Entspannen mit Kunst

Energie durch Malen

◎ Wählen Sie Ihre eigenen Farben und malen Sie diese Zeichnung aus. Beginnen Sie im Zentrum und arbeiten Sie im Uhrzeigersinn, als ob Sie die energetische Bewegung beschleunigen wollten.

◎ Beschreiben Sie mit wenigen Worten die Qualität Ihrer eigenen Energie:

Denken Sie über diesen Satz nach:

Vielleicht wirst du morgen die liebenswürdigen Worte, die du heute sagst, vergessen haben, aber vielleicht bedeuten sie dem Menschen, dem du sie gesagt hast, ein Leben lang sehr viel.

Dale Carnegie

Gesundheitstipp

Schließen Sie für drei Minuten die Augen, stellen Sie sich einen blauen Himmel und die Sonne im Gesicht vor. Atmen Sie ein, nehmen Sie die Farben und die Energie der Sonne in sich auf. Atmen Sie aus und fühlen Sie, wie das Wohlbefinden sich in Ihrem Körper ausbreitet. Es geht Ihnen gut …

Mein Weg zum Wohlbefinden

Dieser Weg wird die Folge der Arbeit an Ihrer Energie sein. Die Mudrã (aus Sitzung in Woche 10 schon bekannt) wird Ihre Energien harmonisieren und zugleich kanalisieren. Sie wirken mit energetischen Reflexzonen. Nichts kann Sie daran hindern, die Übungen bei Übererregung auch am Arbeitsplatz durchzuführen.

- Folgen Sie der unten stehenden Anleitung (immer beide Hände in Aktion) und atmen Sie bei jeder Etappe gleichmäßig.
- Beenden Sie die Übung mit einem tiefen Atemzug, dann atmen Sie mehre Male kurz aus, um sich ins Jetzt zurückzuholen.

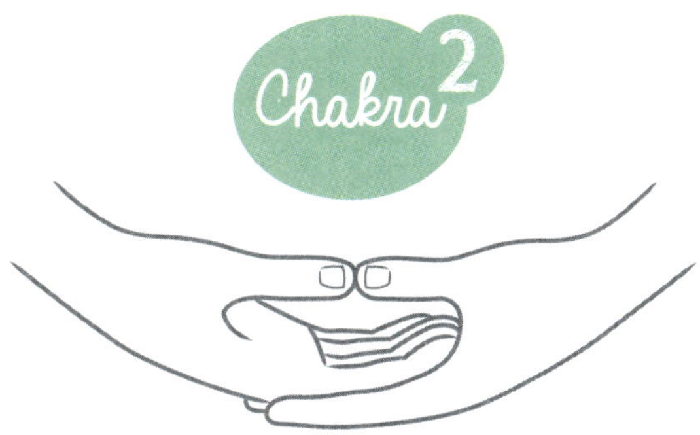

Harmonie aus der Natur

Algen

◎ In Verbindung mit Getreide und Gemüse bilden die Algen eine ausgezeichnete Quelle für natürliches Eiweiß. Sie sind besonders reich an Mineralstoffen und Spurenelementen wie Jod, marinem Magnesium, Phosphor, Schwefel usw.

◎ Die Süßwasseralge, wie die Spirulina, ist sehr wertvoll: Geben Sie sie in Form von Pulver an grünen Salat. Kombu, Wakame, Iziki (sehr eisenreich), Nori sind Vitamin B_{12} reiche Algen (für Vegetarier empfohlen). Sie sind leicht zuzubereiten. Bei getrockneten Algen genügt es, sie vor dem Verzehr zu wässern.

◎ Versuchen Sie, diese natürlichen Produkte mindestens einmal wöchentlich in Ihren Speiseplan aufzunehmen.

Energie tanken

◎ Bereiten Sie einen Rosmarinaufguss vor: Tauchen Sie den Rosmarin in kochendes Wasser ein und lassen ihn zehn Minuten ziehen. Durch ein Sieb abgießen, fügen Sie 1 Esslöffel Apfelessig hinzu. Reiben Sie den ganzen Körper mit diesem Aufguss ab. Ihre Haut wird sich erfrischt und gestrafft anfühlen.

◎ Ein einfaches, wirksames Energiegetränk: Erhitzen Sie den Saft von je einer halben Grapefruit und Zitrone. Fügen Sie nach dem Abkühlen ½ Teelöffel Ingwer hinzu, gut rühren und sofort trinken!

◎ Ersetzen Sie Kaffee nach und nach durch Guarana! Diese aus Amazonien stammende Pflanze wird an Stelle von Kaffee getrunken. Guarana hat eine intensive neurostimulierende Wirkung (jedoch ohne Koffein) und ist auch als Appetitzügler bekannt. Übertreiben Sie es nicht. Nehmen Sie Guarana nur am Morgen und am Mittag zu sich. Guarana ist als Tee oder Pulver erhältlich.

GUARANA IST DIE PERFEKTE PFLANZE, UM KAFFEE ZU ERSETZEN UND SOMIT STRESS ZU REDUZIEREN.

Zeit für mich

Positiv zu bleiben, bedeutet, aus jeglicher Erfahrung zu lernen, selbst wenn manche Ereignisse auf den ersten Blick nicht sehr „attraktiv" scheinen. Ohne in Gutmenschentum (sehr subtile Falle), in Ausweichmanöver oder Fatalismus zu verfallen, muss man verstehen, dass sich unsere Fundamente entwickeln müssen: Man kämpft nicht gegen die Zeit in der Absicht, um jeden Preis durchzuhalten, man bewegt sich mit ihr, ebenso wie mit den Jahreszeiten.

Hier eine erste sehr einfache Technik, um Ihre Möglichkeiten des „positiv Seins" umzusetzen. Sie benötigen etwas Ausdauer. Diese Aktivität verankert sich langsam und überträgt sich schrittweise auf Ihr Gehirn.

◎ Schließen Sie die Augen im Sitzen oder Liegen und atmen Sie gleichmäßig. Stellen Sie sich eine Kinoleinwand vor, auf der eine aktuelle oder ältere unangenehme Szene gezeigt wird. Stellen wir uns einen Streit vor. Sie müssen sich nicht alle Details vorstellen. Die Erinnerung an das Gefühl genügt.

◎ Gelassen beschließen Sie, diesen Vorgang neutraler und weniger bedeutsam zu sehen (daher die Notwendigkeit die Übung zu wiederholen). Stattdessen fügen Sie der Szene ein strahlendes, positives Element hinzu. Das kann eine gute Erinnerung an einen Menschen sein, eine Geste der Zuneigung oder der Anerkennung. So fügen Sie Sanftheit und Licht hinzu. Sie beschließen, diesen schwierigen Moment hinter sich zu lassen, ihn nur als eine Etappe und nichts Dauerhaftes anzusehen.

◎ Jetzt weiten Sie durch Ihre Atmung die Szene aus, indem Sie sie mit Ihrem Atem umfassen, bei jedem Ausatmen beschließen Sie, zu etwas anderem überzugehen, sodass dieses Ereignis immer mehr an Bedeutung verliert.

◎ Wenn Sie zur Ruhe gefunden haben, denken Sie sich eine Geste aus: Sie können z. B. Ihre Daumen gegeneinander drücken. Wenn Sie irgendwann unter der Woche an das Ereignis zurückdenken, drücken Sie Ihre Daumen gegeneinander und empfinden Sie sogleich den positiven Abstand, ohne ihn zu verurteilen.

Entspannen mit Kunst

Die Entwicklung zum Licht

◎ Malen Sie dieses Bild aus. Geben Sie beim Festland den dunklen Farbtönen den Vorzug. Zum Meer hin sollten die Nuancen immer heller werden.

◎ Notieren Sie Aktivitäten, die zeigen, wer Sie wirklich sind:

Denken Sie über diesen Satz nach:

Jeder Mensch in seiner Nacht geht dem Licht entgegen.

Victor Hugo

Gesundheitstipp

Mit den zusammengedrückten Fingerspitzen einer Hand, unter drehender Bewegung (wie beim Schrauben) auf das Sonnengeflecht drücken, um Ihre Bauchmuskulatur und sich selbst zu entspannen.

Mein Weg zum Wohlbefinden

Schneiden Sie den Faden durch

◎ Schmerz entsteht häufig durch das Festhalten an einem Ereignis oder einer Person. Um diesem Schmerz ein Ende zu setzen, muss man die Verbindung trennen. Sie können dies mit einem Seil symbolisieren, das Sie mit der Schere durchschneiden (nehmen Sie sich dafür Zeit) oder natürlich es der Person direkt mitteilen.

◎ Anschließend sollten Sie diese Verbindung nicht durch Wünsche oder Mangelsituationen wieder aufleben lassen.

Grimassen der Freude

◎ Stress und Emotionen hinterlassen Spuren auf den Gesichtern. Erinnern Sie sich an eine für Sie negative Szene, lächeln Sie bewusst, übertrieben, ahmen Sie einen Clown, der lacht oder weint nach, einen Affen, schauen sie überrascht, verblüfft ... Wenn Ihnen harte, schwerwiegende Wörter einfallen, lassen Sie sie heraus. Sagen Sie es, weinen Sie falls nötig! Atmen Sie und treten Sie jedem Ereignis erwartungsvoll entgegen. Lassen Sie los.

Seien Sie Altruist

◎ Zu Geben und zu Teilen setzt Hormone des Wohlbefindens frei, macht Sie positiv und wertet Sie auf.

◎ Beschließen Sie, Ihren Lieben zwei Gefallen zu tun oder zwei Geschenke zu machen. Als Gegenleistung bitten Sie diese Personen, anderen zwei Geschenke zu machen usw.

◎ Dieses Ausschwärmen wird schnell zu einer Solidaritätskette führen, die eine positive Energie freisetzt, deren Initiatorin Sie sind.

Zusammenfassung

◎ Nehmen Sie ein weißes Blatt Papier. Notieren Sie auf der linken Seite chronologisch alle schwierigen Situationen, die Sie bereits durchlebt haben. Schließen Sie die Augen. Erleben Sie die erste Situation nach: Übt sie noch eine negative Wirkung auf Sie aus? Welche?

◎ Versuchen Sie, mit Zuneigung auf die Situation zu blicken, dann positiv und schließlich konstruktiv. Schreiben Sie auf die rechte Seite, wie Sie sich diese Situation idealerweise wünschen würden.

◎ Führen Sie die Übung für die anderen Situationen ebenso durch.

◎ Atmen Sie ruhig und lassen Sie diese Gedanken los.

Harmonie aus der Natur

Blütenelixiere

Hier finden Sie ein Rezept auf der Basis von Senfblumen, das sich ausgleichend auf Ihre Stimmung auswirkt.

- Ziehen Sie an einem Sonnentag frühmorgens mit einem Rucksack los und nehmen Sie mit: 1 Liter Quellwasser, eine kleine Schüssel, Holzzange, ein Glasfläschchen 200 ml, 5 cl Schnaps, ein kleines Spitzsieb, Handschuhe. Gießen Sie, wenn Sie die Senfblume gefunden haben, 750 ml Wasser in die Schüssel.

- Pflücken Sie vorsichtig die Blüten der Pflanze, gerade genug, um die Wasseroberfläche zu bedecken. Dann müssen Sie sich drei Stunden gedulden, bis die Blüten auf der Wasseroberfläche intensiv von der Sonne beschienen werden.

- Falls Sie diese Zeit nicht haben, können Sie die Blüten auch mit nach Hause nehmen. Es wäre für den Energiefluss jedoch förderlich, die Blüten direkt nach der Ernte ins Wasser zu geben.

- Holen Sie die Blüten mit der Holzzange aus dem Wasser und filtern Sie diese. Gießen Sie das Wasser in das Glasfläschchen und verschließen Sie es hermetisch. Schützen Sie das Fläschchen zu Hause vor Lichteinstrahlung. Es enthält nun ihr Urelixir, das Sie ein Jahr lang aufbewahren können.

- Mischen Sie 7 Tropfen des Elixirs in ein Fläschchen, 10 ml, gefüllt mit 60 % Wasser und 40 % Alkohol. Schwenken Sie das Fläschchen täglich und geben Sie über den Tag verteilt viermal 3 Tropfen unter die Zunge. Das hilft Ängste abzubauen.

- In der Reihe der Bachblüten finden Sie weitere wirksame Pflanzen.

Entspannendes Massageöl

- Nehmen Sie sich Zeit zur gegenseitigen einfachen Massage mit einer nahestehenden Person: Unterarme und Handgelenke, Füße und Rücken.

- Mischen Sie in einem Fläschchen 4 Esslöffel Mandelöl, 10 Tropfen ätherisches Lavendelöl, 3 Tropfen Patchouli, 3 Tropfen Rosenholzöl. Schütteln Sie das Fläschchen.

- Geben Sie Öl auf die zu massierende Stelle und in Ihre Handfläche.

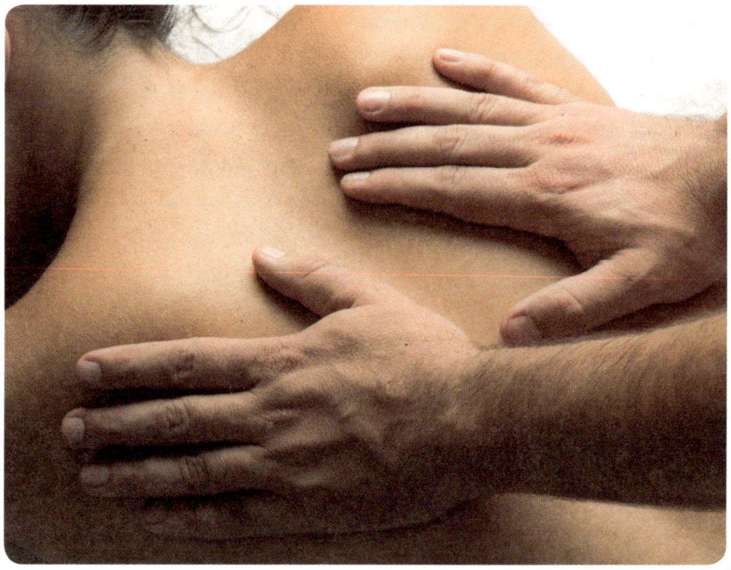

SIE KÖNNEN IHRE GEFÜHLSREGUNGEN MITHILFE NATÜRLICHER MITTEL BESÄNFTIGEN.

Zeit für mich

Der Körper ist mit Reflexzonen übersät. Diese Zonen stehen in Verbindung mit den Organen, auf die sie einwirken können, wenn Sie diese durch Selbstmassage stimulieren. Üben Sie Druck aus und folgen Sie den angegebenen Schritten. Eine Minute je Zone kann für den Anfang bereits genügen. Im Laufe der Zeit erzielen Sie durch Regelmäßigkeit die besten Ergebnisse. Auch zur Vorbeugung geeignet.

◎ Gegen den Stress: Atmen Sie ein und drücken Sie mit der Spitze Ihres Zeigefingers auf die in der Zeichnung gezeigten Körperzonen. Atmen Sie aus und ziehen den Druck zurück.

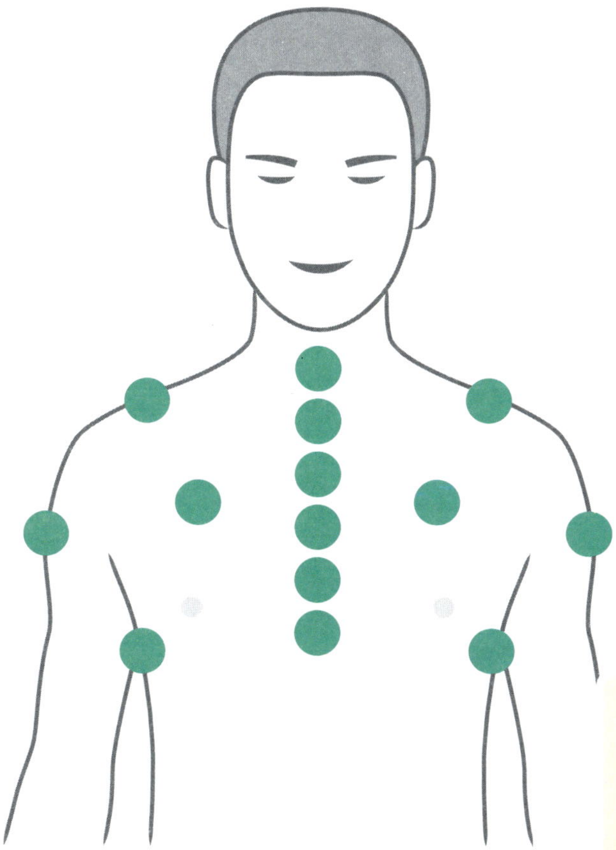

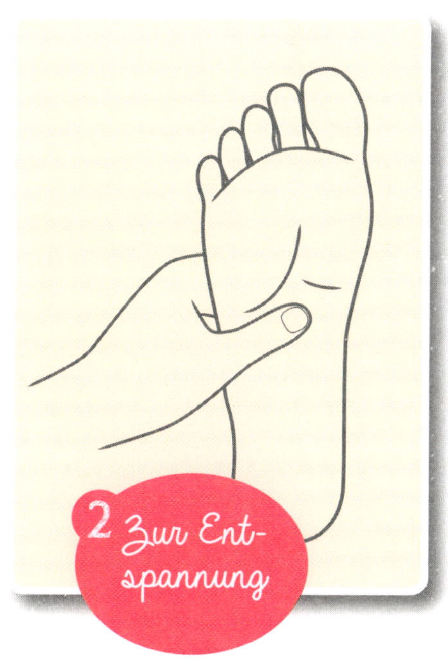

Entspannen mit Kunst

Mandala der Entspannung

◎ Malen Sie jedes Blütenblatt mit der Spitze Ihrer Buntstifte an. Atmen Sie lange ein und kurz wieder aus.

◎ Notieren Sie Worte, die für Sie Synonyme für Sanftheit und Harmonie bedeuten:

....

....

....

....

....

....

....

....

....

....

....

....

....

....

Gesundheitstipp

Gewöhnen Sie sich an, Ihre Fäuste zu ballen, die Unterarme anzuwinkeln und dabei einzuatmen, um regelmäßig Stress abzubauen. Atmen Sie heftig aus, öffnen Sie dabei die Fäuste, als wollten Sie Klebeband von den Fingern schütteln.

Denken Sie über diesen Satz nach:

Es genügt nicht, am Leben zu sein, man muss lebendig sein. Das bedeutet, dass man sich ständig bewusst ist, im Zentrum eines Wunders zu sein und mit ihm in Kontakt, in Harmonie zu stehen.

René Barjavel

Mein Weg zum Wohlbefinden

Am Morgen

◎ Massieren Sie unter der Dusche, wenn das lauwarme Wasser auf den oberen Teil Ihres Rückens prasselt, Ihre Handflächen bis zum Handgelenk, um den Darm, Herz, Leber und Lungen in Harmonie zu bringen.

Am Vormittag

◎ Schieben Sie Ihren Bleistift auf einem Blatt Papier hin und her. Zeichnen Sie kleine Striche von links nach rechts, dann von rechts nach links. So verbinden Sie Ihre beiden Gehirnhälften und beruhigen sich.

Nach dem Mittagessen

◎ Stimulieren Sie für die Darmfunktion die Akupressurpunkte in den Handflächen nahe der Handgelenke. Stimulieren Sie auch die Innenseite Ihrer Handflächen, das sind die Zonen für die Beine und die Wirbelsäule. So finden Sie zu Beginn des Nachmittags zu Harmonie.

Am Nachmittag

◎ Stärken Sie sich drei Minuten lang durch eine Nierenmassage, wie auf der Zeichnung angegeben:

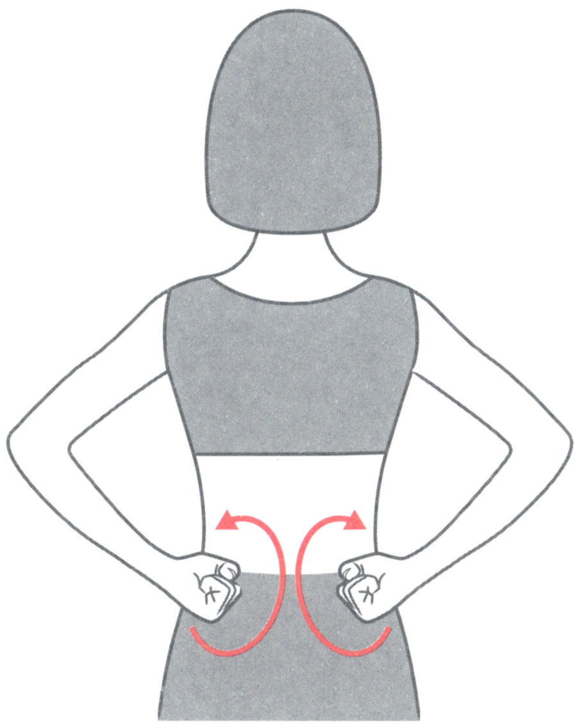

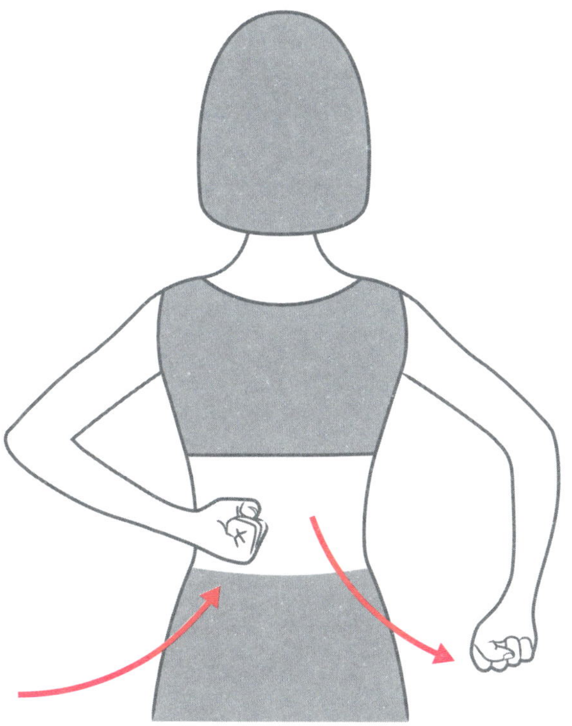

Harmonie aus der Natur

Ihre Hände verdienen Ihre Aufmerksamkeit. Ebenso wie die Gesichtshaut benötigen sie regelmäßige Pflege. Sie greifen täglich nach unzähligen Gegenständen, kommen mit unterschiedlichen Stoffen und Bakterien in Berührung, ohne von öffentlichen Orten mit Treppengeländern, Zeitschriften, Eingabetasten usw. zu sprechen. Hier finden Sie ein paar einfache Tipps, wie Sie Ihre Hände pflegen können:

Creme für geschmeidige Hände

- Lassen Sie 2 Esslöffel Kakaobutter im Wasserbad zergehen.
- Fügen Sie 1 Esslöffel Mandelöl und den Saft einer Salatgurke hinzu.
- Vom Herd nehmen und vermischen. Abkühlen lassen. Massieren Sie die Creme regelmäßig in die Hände ein.

Parfümierte Lotion

- Für zarte, wohlriechende Hände mischen Sie ganz einfach 1 Esslöffel flüssiges Glyzerin mit 1 Teelöffel Eau de Cologne.
- Massieren Sie Ihre Handflächen und verteilen Sie die Lotion auf dem Handrücken.

Öl für Ihre Fingernägel

- Sie können auch Ihre Nägel nähren! Natürlich begünstigt eine ausgewogene Ernährung mit Getreide, Gemüse, Hülsenfrüchten und Milchprodukten die Gesundheit Ihrer Nägel.
- Mischen Sie 1 Teelöffel Sojaöl, ½ Teelöffel Avocadoöl, ½ Teelöffel Rizinusöl.
- Fügen Sie 2 Tropfen Teebaumöl hinzu.
- Füllen Sie die Mischung in einen Glasflakon mit Verschluss.
- Tragen Sie das Öl einmal wöchentlich mit einem Pinsel auf Ihre Nägel auf und lassen es trocknen.

Abreiben der Hände und der Nägel

- Mit Zitronenschale können Sie Ihre Nägel reinigen und stärken. Durch den Zitronensaft wird auch trockene und beanspruchte Haut an den Händen weicher.

Zeit für mich

Die hier vorgeschlagenen Bleistiftstriche werden für ihren beruhigenden Effekt gerne in der Kunsttherapie eingesetzt. Die Richtung des Striches und die Art ihn auszuführen erfordert eine bestimmte Arbeit des Gehirns. Dieses setzt dann Endorphine frei, die beruhigend und stimmungsausgleichend wirken. Kritzeln Sie zunächst wie ein Schüler, um sich damit vertraut zu machen, dann integrieren Sie die Übung in Ihren Alltag insbesondere bei Stresssituationen.

Öffnung zur Welt, Entspannung

- Spirale in Richtung des Uhrzeigersinns.

Ereignisse der Vergangenheit hinter sich lassen und sich für die Zukunft öffnen

- Striche von rechts nach links und von links nach rechts.

Um Atem zu schöpfen und Ängste abzubauen

- Enge, aufsteigende Spirale.

Zur Realität und ins Zentrum zurückkehren

- Absteigende, enge Spirale.

Entspannung

- Halbkreis zeichnen mit der Öffnung nach unten.

Verankert und stärkt

- Halbkreis zeichnen mit der Öffnung nach unten.

Reduziert Stress

- Striche vom längsten bis zum kürzesten.

Stressabbau

- Punktierte Linien, auf das Papier tupfen.

Aus der Gefühlswelt ausbrechen

- Gekritzelte Striche von unten nach oben.

DIE KUNSTTHERAPIE BESÄNFTIGT UND GLEICHT IHRE STIMMUNG AUS.

Entspannen mit Kunst

Vom Gedanken zur Umsetzung

- Die Nebenflüsse (die Richtung nach Belieben) sollten in Blau und Grün angemalt werden, der See (zum Abschluss) in Nachtblau.

Denken Sie über diesen Satz nach:

Das Leben hängt an einem seidenen Faden, sorgen Sie dafür, dass dieser aus Gold ist!

Brigitte Dumont

- Notieren Sie in wenigen Worten, wie eine geänderte Einstellung Ihren Weg erleichtern könnte:

Gesundheitstipp

Massieren Sie regelmäßig mit Ihrem rechten Daumen den gesamten Karpaltunnel, der auf der Innenseite Ihres linken Unterarms vom Ellenbogen bis zum Handgelenk verläuft. Massieren Sie den anderen Unterarm mit dem linken Daumen. So entspannen Sie Ihre Arme, die oft Auslöser für mentale Verkrampfungen sind.

Mein Weg zum Wohlbefinden

Am Morgen

- Das physiologisch richtige Gehen: Auf dem Weg zur Arbeit gehen Sie zunächst langsam und beschleunigen erst später Ihren Schritt.
- Lassen Sie Ihrem Blut Zeit, Sauerstoff aufzunehmen. Überanstrengen Sie Ihren Organismus nicht durch schlechtes und zu heftiges Atmen.
- Gewöhnen Sie sich auch an, wie ein Athlet mit angewinkelten Armen zu gehen, damit der Oberkörper zieht und der untere Teil des Körpers gut folgen kann.
- Eine Tasche oder einen Handkoffer sollten Sie mit Schulterriemen tragen oder sich sogar für einen gut eingestellten Rucksack entscheiden. Schnelles Gehen mit am Körper festgeklebten Armen blockiert und schränkt Ihre Atemkapazität ein.
- Es ist wichtig, auf das korrekte Abrollen des Fußgewölbes zu achten. Gutes Aufsetzen des Fußes vermeidet Rückenschmerzen, wohingegen schlechtes Auftreten bis zu Schmerzen im Kieferbereich führen kann.

Vor dem Mittagessen

- Täglich zehn Minuten Gehen vor dem Mittagessen beeinflusst Ihren Appetit und regelt Ihren Nahrungsbedarf.
- Wenn Sie aus einer sitzenden Position am Vormittag direkt zu Tisch gehen, ist zu befürchten, dass Ihr Appetit eher Ihrer Stimmung (entweder zu viel oder nicht genügend Nahrung) anstatt Ihrem wirklichen Bedürfnis entspricht.
- Diese kleine Schleuse führt dazu, dass Sie Ihren Kopf frei bekommen und zu den momentanen Gefühlen Abstand gewinnen. So können Sie Ihren Nahrungsbedarf besser einschätzen.

Am Abend

- Um den Tag gut abzuschließen, sollte das Abendessen schmackhaft, jedoch leicht sein: Damit sich der Körper gut erholen kann, sollte man ihm keine intensive Verdauungsarbeit zumuten. Vermeiden Sie tierische Eiweiße und anregende Nahrungsmittel!
- Das kann eine Ursache für schlechten Schlaf sein und dazu führen, dass Sie das Frühstück überspringen, weil Sie am Morgen keinen Appetit haben. Das kann zu Hunger und Nervosität am Ende des Vormittags führen. Nehmen Sie ein leichtes, feines Abendessen zu sich …

VOR DEM MITTAGESSEN TÄGLICH ZEHN MINUTEN ZU GEHEN, BEEINFLUSST IHREN APPETIT UND REGELT IHREN NAHRUNGSBEDARF.

Harmonie aus der Natur

Die Reflexzonen

Sie können die Reflexzonen regelmäßig durch das Tragen von Reflexzonen-Einlegesohlen stimulieren. Die Noppen auf den Sohlen stimulieren beim Gehen Leber, Nieren, Herz usw.

- Sie können diese Sohle am Abend in den Hausschuhen tragen oder am Wochenende beim Spaziergang.
- Für die Arbeitstage können Sie Magnetsohlen tragen, die Ihnen helfen werden, Ihre Energie den Tag über zu bewahren.
- Am Abend können Sie aus Bambusasche hergestellte Socken tragen, die die Durchblutung fördern!

Salat der Saison und gutes Kauen

Beschließen Sie, nur noch Obst und Gemüse der Saison zu essen. Ihr Körper benötigt im Winter keine Erdbeeren!

- Essen Sie zu Beginn einer Mahlzeit Obst. Das ist ungewohnt, jedoch sollte nichts Süßes eine Mahlzeit abschließen. Es übersäuert den Körper und den Darm.
- Mischen Sie Feldsalat, Grapefruit, Feigen oder Datteln mit einer Orangensoße. Eine köstliche Verbindung, die zum guten Kauen anregt.
- Viele Gewichtsprobleme haben ihre Ursache in der Tatsache, dass wir nicht genügend Kauen! Die wichtigsten Enzyme werden jedoch nur durch intensives Kauen freigesetzt. Der dadurch produzierte Speichel sendet die Nachricht ans Gehirn, dass die Sättigung bald erreicht ist.
- Es ist also nicht nötig, sich mit Nahrung zu „überlasten“, um satt zu werden. Ganz im Gegenteil! Durch intensives Kauen verwerten Sie die Nahrungsmittel besser und Sie werden sich einer besseren Gesundheit erfreuen.

Der Abend

- Ein Glas Wasser mit etwas Zitronensaft hilft Ihnen, Ihre Verdauung zu regulieren.

Zeit für mich

17. WOCHE

Die fünf Tibeter (Übungsreihe) werden zugleich als fünf zusammenfassende Yogaübungen angesehen, aber auch als Arbeit an der Energie der Meridiane und der Chakren. Hier finden Sie zwei der Übungen. Führen Sie sie in Ihrem eigenen Rhythmus durch, um so mehr als die erste einen leichten Schwindel hervorrufen kann. Kein falscher Ehrgeiz, nur ein Dehnen und das Erkennen der eigenen Möglichkeiten.

Erste Bewegung

- Steigern Sie die Energie Ihres Körpers. Stehen Sie aufrecht, die Füße nebeneinander. Breiten Sie langsam, in der Verlängerung der Schultern horizontal Ihre Arme aus.
- Drehen Sie sich sechsmal langsam von der linken zur rechten Seite um sich selbst (im Uhrzeigersinn).
- Setzen Sie sich, um einem eventuellen Schwindelgefühl entgegenzuwirken.
- Wiederholen Sie diese Übung regelmäßig. Erhöhen Sie die Zahl der Drehungen schrittweise. Sie wird Ihnen auf harmonische Weise zu Dynamik verhelfen, ohne jedoch unruhig zu werden.

Zweite Bewegung

- Legen Sie sich auf den Rücken, die Arme am Körper anliegend, die Handflächen auf den Boden.
- Heben Sie leicht den Kopf und halten Sie Ihre Beine geschlossen, um sie gestreckt anzuheben. Das Augenmerk liegt nicht auf der sportlichen Bewegung, sondern darauf, die ganze Körperachse vom Kopf bis zu den Zehen zu strecken.
- So wirken Sie auf den Meridian der Blase ein, der alle Chakren Ihres Ätherleibes mit Energie versorgt und die Wirbel entspannt.
- Führen Sie die Übung dreimal durch, dann gehen Sie weiter.

VERWEILEN SIE EINIGE AUGENBLICKE, UM IHREN KÖRPER ZU SPÜREN UND UM MIT SICH IN EINKLANG KOMMEN. SIE WERDEN SICH AUSGEGLICHEN FÜHLEN!

Entspannen mit Kunst

Was ich mir vom Leben wünsche

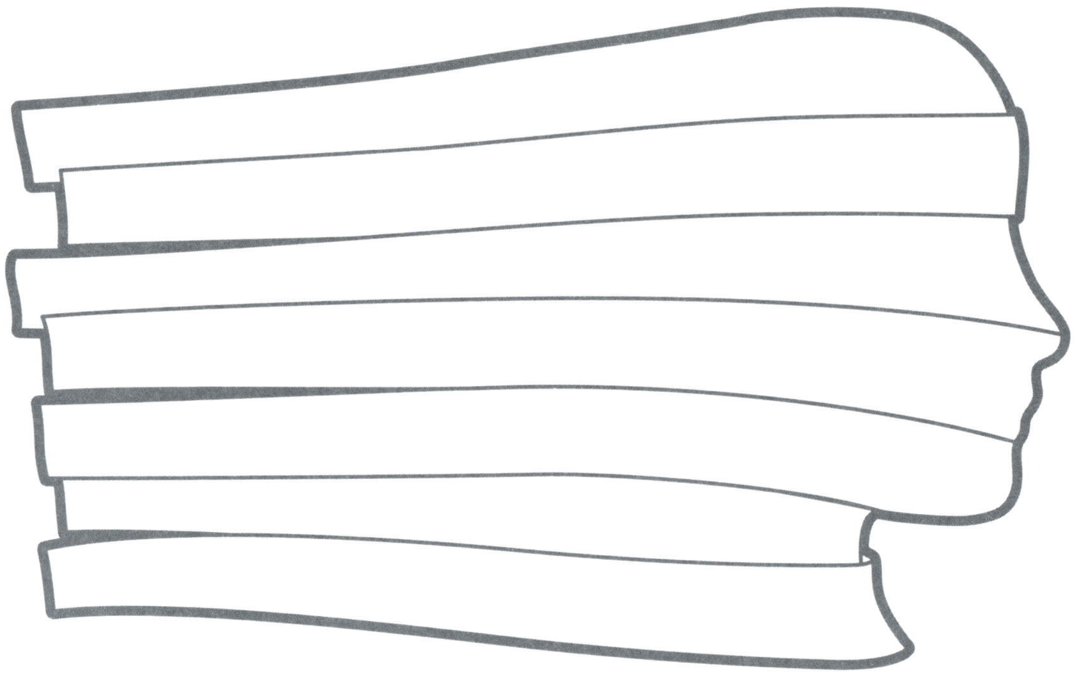

◎ Malen Sie die sieben Streifen, die das Gesicht bilden, in verschiedenen Farben an. Arbeiten Sie von rechts nach links.

◎ Stellen Sie sich gleichzeitig vor, dass jede der Farben das darstellt, was Sie von Ihrem Umfeld und vom Leben im Allgemeinen gerne erhalten würden.

◎ Notieren Sie in wenigen Worten die Geschenke, die Sie vom Leben erwarten:

Denken Sie über diesen Satz nach:

Ein Geschenk ist etwas Seltenes, das man dir einfach so gibt, ohne besonderen Grund, weil du es verdient hast, ohne es zu wissen.

Maud Lethielleux

Gesundheitstipp

Richten Sie Ihre Augen einen Moment auf diese Farben. Versuchen Sie dann, mit geschlossenen Augen die Farben vor Ihrem geistigen Auge wiederzusehen. Lernen Sie, sich mit Ihrer eigenen Zeichnung zu entspannen.

Mein Weg zum Wohlbefinden

Sanfter Start in den Tag

- Ich achte auf meine linke Hand ...
- Ganz langsam spanne ich die Muskeln der linken Hand an ... Ich fühle die Spannung ...
- Schrittweise entspanne ich vollständig die linke Hand ...
- Ich konzentriere mich auf den Unterschied zwischen der An- und Entspannung meiner linken Hand.
- Ich dehne die Übung auf den ganzen Arm aus, bevor ich die Seite wechsele.
- Ich richte meine Aufmerksamkeit auf meine rechte Hand usw.

Sobald Sie sich ...

- in die Übung eingefunden haben, können Sie auch beim Anspannen einatmen und beim Entspannen ausatmen.

Zum Schluss

- Massieren Sie am Schluss Ihre Brust, halten Sie inne und genießen Sie diesen allgemeinen Wohlfühlzustand.
- Je länger Sie diese Übung durchführen (hier ungefähr 20 Minuten), desto schneller wird es Ihnen gelingen, sich spontan zu entspannen. Achten Sie insbesondere auf: durch Beanspruchung ausgelöste Verkrampfungen der Unterarme, angespannte Gesichtszüge, wenn Sie ängstlich oder nervös sind, oder das Sonnengeflecht und den Oberkörper, wenn Sie traurig sind usw.

Diese Methode eignet sich bei Einschlafschwierigkeiten aufgrund von Verstimmungen und nervösen Spannungen.

DIESE ÜBUNG HILFT IHNEN, SICH SCHNELLER ZU ENTSPANNEN.

Harmonie aus der Natur

Bei müden Augen

◎ Bei schlechter Beleuchtung können Ihre Augen schnell ermüden und Stress droht, die Belastung Ihrer Augen zu verstärken.

◎ Kaufen Sie eine kleine mit Wasser gefüllte Augenmaske aus Plastik (Schönheitsfachgeschäft): Legen Sie sie zwei Stunden in den Kühlschrank. Legen Sie sich mit erhöhten Beinen hin (das fördert den Blutkreislauf) und legen die Maske auf die Augen. Die Kälte wird den Blutandrang um die Augenpartie mindern und Erleichterung verschaffen.

Bei Einschlafschwierigkeiten

◎ Tragen Sie bei Einschlafschwierigkeiten eine Maske mit Magneten. Einer wird ganz natürlich in die Mitte Ihrer Stirn gelegt und die anderen auf beide Schläfen.

◎ Wenn Sie leicht einschlafen, aber dazu neigen, mitten in der Nacht aufzuwachen, wird diese Maske ebenfalls nützlich sein. Legen Sie sie auf Ihrem Nachttisch bereit.

Am Abend vor dem Schlafengehen

◎ Kleben Sie unter die Fußgewölbe selbstklebende Bambuspatches.

◎ Die Patches haben die Fähigkeit, einen Teil von den in Ihrem Blut vorhandenen Schwermetallen aufzunehmen.

◎ Das mag seltsam erscheinen, wenn Sie jedoch am Morgen die Kleber, die über Nacht schwarz geworden sind, abziehen, werden Sie sich innerlich gereinigt fühlen.

◎ Die Verschmutzung durch Schwermetalle wird als Belastung noch verkannt. Sie greift sogar in der freien Natur um sich!

Genießen Sie es, bei sanfter Musik einen Kamillentee oder Zitronenwasser zu trinken. Wenn Sie dem Kräutertee noch einige Tropfen ätherisches Mandarinenöl hinzugeben, ist die Entspannung garantiert!

Zeit für mich

Feuerzeichnung

◎ Notieren Sie zunächst in dieser Zeichnung die Wörter, die die Enttäuschungen der vergangenen Woche am besten zusammenfassen. Notieren Sie auch, was Sie in Empörung versetzt oder zornig gemacht hat. Dann malen Sie die Flammen in Gelb, in Rot und Orange an. Beschließen Sie den Einfluss, den diese unangenehme Stimmung auf Sie ausübt zu „verbrennen".

Wasserzeichnung

◎ Schreiben Sie in diese Zeichnung, in die Wellen, die über den Strand schlagen, Wörter, die Ihnen Vertrauen zurückgeben, Ihnen helfen Ängste abzubauen, die für den Stress verantwortlich sind und die Sie erschöpfen. Schreiben Sie auf den Sand die Wörter, die für Sie die Harmonie beschreiben, zu der Sie finden möchten.

Zeichnung des Vulkans

◎ Malen Sie diesen ausbrechenden Vulkan mit Farben, die Sie mit Kraft und Stärke verbinden, aus. Führen Sie die Striche von unten nach oben.

◎ Beschäftigen Sie sich dabei in Gedanken mit Ereignissen oder Gefühlen, die Sie destabilisieren können.

◎ Scannen Sie zunächst die Zeichnung ein, um sie ein weiteres Mal verwenden zu können.

◎ Notieren Sie, was Sie oft zum „Kochen" bringt:

Denken Sie über diesen Satz nach:

Verweile nicht in der Vergangenheit, träume nicht von der Zukunft. Konzentriere dich auf den gegenwärtigen Moment.

Buddha

Gesundheitstipp

Fahren Sie über die Striche Ihrer Zeichnung mit einem Zeigefinger (zur Spitze des Vulkans). Denken Sie dabei an bestimmte Szenen, die Sie aus Ihrem Leben verdrängen möchten und die dazugehörigen Gefühle.

Mein Weg zum Wohlbefinden

Im Anschluss an die Entspannung nach Jacobson hier das Prinzip der Entspannung nach Schultz. Die Aufmerksamkeit wird hier auf die Skalen warm/kalt und schwer/leicht gelegt. Das ermöglicht, sich seiner Spannungspunkte an bestimmten Körperstellen wirklich bewusst zu werden und entsprechend zu handeln. Der Zustand der Schwere ermöglicht, „das Geistige zu lösen“ und den Körper in der Entspannung sich selbst regulieren zu lassen. Wiederholen Sie die Übung regelmäßig, mindestens einmal wöchentlich.

Lassen Sie sich auf das Geschehen ein

- Legen Sie sich hin, atmen Sie langsam und sagen Sie sich die Formel „ich bin gelassen“.
- Beginnen Sie mit dem Gefühl der Schwere für jedes Körperteil von oben bis unten. „Ich atme, mein Arm ist schwer und entspannt.“
- „Ich atme ein und atme langsam wieder aus. Ich richte meine Aufmerksamkeit auf mein Bein, das schwer ist“ usw. Sagen Sie das fünf- bis sechsmal.
- Nehmen Sie sich auch Zeit hinzuzufügen: „Mein Herz schlägt ruhig, es ist kraftvoll.“
- Stärken Sie Ihre positiven Gedanken über sich selbst und nennen Sie sie.
- Wenn die Aufmerksamkeit auf Ihren ganzen Körper gerichtet ist, nehmen Sie sich einfach die Zeit, diesen besonderen Zustand zu spüren, indem Sie fast das Physische Ihres Körpers vergessen haben. Der Körper ist schwer während Ihr Geist leicht, wach und fröhlich ist …

Verlängern Sie die Entspannung

- Richten Sie Ihre Aufmerksamkeit mit der Formel „mein Arm ist heiß“ auf ihn.
- Denken Sie daran, das Wohlbefinden des Herzens zu nennen, ebenso das des Sonnengeflechts, das sich damit entspannt.
- Wiederholen Sie das fünf- bis sechsmal bevor Sie zu anderen Körperpartien übergehen.
- Wecken Sie ein Gefühl der Frische durch das Nennen der Stirn …
- Dann genießen Sie die allgemeine Wärmewirkung, die Ihnen ermöglicht, sich tief zu entspannen.

WIEDERHOLEN SIE DIESE ENTSPANNUNGSÜBUNGEN REGELMÄSSIG. SIE KÖNNEN IHREN GANZEN KÖRPER SCHNELL ENTSPANNEN, OHNE ALLE KÖRPERPARTIEN ZU NENNEN.

Harmonie aus der Natur

Rezepte zur Ausscheidung von Körpergiften

◎ Kleine innerliche Körperreinigung: Knoblauch und Zwiebeln haben beachtliche antiseptische und harntreibende Eigenschaften. Unsere Vorfahren aßen sie täglich. Sie verwendeten die Zwiebel als Wurmmittel und den Knoblauch gegen kardiovaskuläre Erkrankungen. Kaufen Sie hochwertige Produkte, da sich diese verhältnismäßig lange aufbewahren lassen. Es lohnt sich.

Knoblauch

◎ Kochen Sie vier Knoblauchzehen in 1 Liter Wasser mit einem Zweig Salbei und trinken Sie einmal täglich eine Tasse davon.
◎ Wenn Sie nur das Kochwasser (ohne Salbei) trinken, können Sie damit Ihren Körper nach Ausschweifungen reinigen.
◎ Reiben Sie für Kinder die Zehe über ein Stück Brot. Das schmeckt ihnen!

Bärlauch

◎ Von April bis Mai können Sie Bärlauch im Unterholz auf 300 Meter riechen!
◎ Pflücken Sie die Blüten des Bärlauchs und streuen Sie sie über den Salat oder Gegrilltes!
◎ Bärlauch eignet sich in der Urtinktur hervorragend zur Blutreinigung.

Zwiebeln

◎ Die roten und die kleinen weißen Sommerzwiebeln roh im Salat wirken blutreinigend und sanieren den Darm.
◎ Kochen Sie, um einer Grippe, einer Erkältung oder einer Ohrenentzündung entgegenzuwirken, eine gelbe Zwiebel in Wasser.

Zeit für mich

Die Meditation mit und ohne Objekt

◎ Für diese dritte Meditationsetappe können Sie einen Gegenstand zur Fokussierung benutzen.

◎ Mit dieser Übung lernen Sie, Ihre Aufmerksamkeit auf ein einziges Thema zu konzentrieren.

◎ Durch die Luft, die Sie aufmerksam durch die Nase ein- und ausamten, können Sie Ihr Gehirn, wie wir bereits gesehen haben, auf einen Gedanken lenken.

◎ Hier ist es der Gegenstand, der es Ihnen ermöglicht „loszulassen", er ist Ihr Anker, der vermeidet, dass Sie sich von Ihren Gefühlen davontragen lassen.

◎ Das Training findet in zwei Etappen statt. Wählen Sie zunächst einen Gegenstand oder ein Bild, das Sie inspiriert: Das kann religiöser Natur, das Blatt eines Baumes oder eine Zeichnung sein.

◎ Denken Sie einfach, dass Sie es in sich aufnehmen werden.

1 Den Rücken gerade, jedoch nicht angespannt, richtet sich Ihr Blick auf den gewählten Gegenstand, der weniger als einen Meter von Ihnen entfernt steht. Fixieren Sie den Gegenstand drei Minuten lang, ohne sich innerlich anzuspannen, atmen Sie ruhig in langen Zügen aus.
Bei jedem Gedanken, der Ihre Aufmerksamkeit beeinflusst, fixieren Sie sofort und intensiv den Gegenstand und prägen sich ein Detail ein (wie ein sofortiger Zoom). Der Gedanke wird sich zerstreuen und an Bedeutung verlieren.

2 Achten Sie drei Minuten lang auf jedes Detail des Gegenstands, ohne es zu interpretieren. Achten Sie wie ein Scan auf die Form, die Maße, eine der Farben, ein Relief, eine Vertiefung: Sie müssen wie durch eine Lupe blicken, für störende Gedanken gibt es keinen Platz ... Legen Sie sich anschließend zur Entspannung hin. Verlängern Sie die Zeit der Etappen bei jeder Sitzung.

BENUTZEN SIE DIE FOKUSSIERUNG AUF EINEN GEGENSTAND, UM BESSER LOSLASSEN ZU KÖNNEN.

Entspannen mit Kunst

Mein Glücksbringer-Baum!

- Das ist eine Trauerweide im Winter. Ein Baum, den Sie „fröhlich“ machen werden, indem Sie die Blätter auf allen Zweigen ausmalen.
- Verwenden Sie die Farben beliebig, selbst unkonventionelle.
- Es ist wichtig, diesem Bild Leben einzuhauchen.

Denken Sie über diesen Satz nach:

Es ist tröstlich, dass es kein unaufhörliches Leiden auf der Welt gibt. Ein Schmerz vergeht, eine Freude entsteht. Alles hält sich die Waage. Diese Welt ist ausgeglichen.

Albert Camus

Gesundheitstipp

Legen Sie, wie Kinder es tun, Ihre Handflächen auf die Ohren und die Ellenbogen auf den Schreibtisch. Schließen die Augen und hören Sie nur die Töne, die entstehen. Sie haben den Klang des sanften Windes und der Wellen. Ideal für eine Fünf-Minuten-Entspannungspause …

- Notieren Sie hier ein Engagement, das Sie bereit sind einzugehen:

Mein Weg zum Wohlbefinden

Hier ein paar einfache Lockerungsübungen, die Sie in wenigen Minuten morgens, mittags und abends durchführen können.

Übung vorsichtig durchführen

1 Die Beine leicht auseinander stellen (in der Breite Ihres Beckens), atmen Sie langsam ein und heben Sie dabei langsam Ihren rechten Arm über Ihren Kopf, atmen Sie aus und beugen Sie Ihren Oberkörper zur linken Seite.

- Führen Sie die Übung mit der anderen Seite durch. Der linke Arm hebt sich, Oberkörper zur rechten Seite beugen.
- Wiederholen Sie die Übung dreimal. Das Ziel besteht darin, tief in die Arbeit für die obere Rückenpartie einzutauchen und sie bewusst zu dehnen.

2 Stehen Sie mit leicht geöffneten Beinen, legen Sie Ihre rechte Hand auf Ihre rechte Schulter und ziehen Sie den linken Arm die Körperseite hinunter, drehen Sie den Oberkörper nach links, ohne das Becken zu bewegen.

- Spüren Sie, wie sich der untere Teil Ihrer Wirbelsäule dehnt.
- Wiederholen Sie die Übung für die andere Seite, dann die ganze Übung dreimal.

3 Stellen Sie die Beine nebeneinander, ziehen Sie Ihr rechtes Knie hinauf und atmen Sie ein, helfen Sie mit den Händen nach, um das Knie höher zu bekommen, jedoch nichts erzwingen.

- Wechseln Sie zum anderen Knie.
- Führen Sie die Übung dreimal durch.
- Dann neigen Sie sich leicht nach vorne, greifen von hinten mit der rechten Hand Ihren rechten Fuß und drücken ihn gegen das Gesäß (wenn Sie es schaffen!).
- Wechseln Sie den Fuß und die Hand und wiederholen Sie das Ganze dreimal.

Eine gute Haltung auf wenig Raum

- Gewöhnen Sie sich an, sich zu beobachten und Ihre Haltung im Stehen zu korrigieren. Nutzen Sie dafür das Prinzip Gleichgewicht!

- Wenn Sie dreißig Sekunden auf einem Fuß stehen, stehen Sie ebenso lange auf dem anderen.

- Stützen Sie sich auf den rechten Ellenbogen, stützen Sie sich im Anschluss auf den linken.

- Das alles, um die Scheinlösung Ihres Körpers zu vermeiden, der anstatt Sie auf die muskulären Mikrotraumata hinzuweisen, zunächst kompensieren wird. Die ersten Signale der Muskelschmerzen werden Sie wach werden lassen!

Harmonie aus der Natur

Garen mit Dampf

◎ Es ist bekannt, dass übermäßige Verwendung von Fetten beim Kochen große Risiken für Ihre Gesundheit birgt. Auch wenn Sie nicht alles mit Dampf garen, ist es interessant, dieser Zubereitungsmethode den Vorzug zu geben, da der Geschmack nicht zu kurz kommt.
◎ Das Interessante am Dampfkochen ist, dass ein Großteil der Vitamine und Mineralien der Nahrungsmittel erhalten bleibt, was bei anderen Zubereitungsarten nicht unbedingt der Fall ist. Dampfgarer oder Bratfolien sind sehr einfach anzuwenden. Sie können zum Beispiel Ihre Gemüsepürees mit dem Dampfgarer zubereiten.

Hier ein paar Rezepte, die Sie nach Belieben verfeinern können.

Artischockenpüree

◎ Rechnen Sie eine Artischocke pro Person. Behalten Sie die Blätter, um sie mit Vinaigrette als Vorspeise zu essen.
◎ Schneiden Sie das Herz in Stücke und dampfgaren es 20 Minuten lang.
◎ Fügen Sie anschließend 2 Esslöffel Crème fraîche je gekochte Artischocke, etwas Zitronensaft und etwas hochwertiges Olivenöl hinzu. Fertig!
◎ Pastinaken oder Sellerieknollen können Sie ebenso zubereiten.
◎ Leicht pfeffern und salzen!

Karottenpüree

◎ Für sieben schöne Karotten und eine Kartoffel benötigen Sie 20 Minuten im Dampfgarer. Geben Sie 1 gute Prise Kumin und Muskatnuss hinzu und am Schluss 2 Esslöffel Crème fraîche.

Püree von weißen Bohnen

◎ 500 g weiße Bohnen waschen.
◎ 30 Minuten im Dampfgarer garen.
◎ Pürieren Sie die Bohnen mit einer flotten Lotte oder einem Sieb, um die Häute zu entfernen.
◎ Fügen Sie dann 2 Esslöffel Crème fraîche hinzu.
◎ Schmeckt mit Brotcroûtons und Salat. Dieses Püree ist ein ausgezeichneter Lieferant von pflanzlichem Eiweiß.

Zeit für mich

Schreibatelier

Sie müssen sich die Symbolik dessen vor Augen führen, was Sie manchmal wütend werden lässt oder Sie veranlasst innerlich oder äußerlich heftig zu werden (verbal oder physisch).

1 Beschließen Sie, für sich schriftlich festzuhalten, was Sie so sehr belastet, dass Sie heftig werden. Dann nehmen Sie einen Stift und zwei weiße Papierbögen.

◎ Verwenden Sie das erste Blatt zum beliebigen Kritzeln, Zeichnen ... Auf das zweite werden Sie Ihre Überlegungen schreiben.

2 Verwenden Sie das erste Blatt zum Auflockern. Lassen Sie Ihren Stift die Seite bekritzeln wie im Zustand der Autohypnose.

◎ Erinnern Sie sich, ohne sich damit zu beschweren, an bestimmte Momente, kritzeln Sie weiter und fragen Sie sich: „Was war der Auslöser dieser Geschichte? Ein Ereignis, eine Person, eine Überlegung?"
◎ Notieren Sie Ihre Antworten deutlich oben auf Ihr zweites weißes Blatt.

3 Beginnen Sie wieder, auf der ersten Seite zu kritzeln, um zentriert zu bleiben. Was ist dann passiert? Haben Sie genaue Erinnerungen daran?

◎ Fassen Sie diese in wenigen Worten (oder Sätzen) unter dem Stichwort „Auslöser" auf der zweiten Seite zusammen.

4 Nehmen Sie die bekritzelte Seite wieder. Wie hat dieses Ereignis geendet? Notieren Sie das Ende der Geschichte auf der zweiten Seite so, wie Sie es erlebt haben.

◎ Dann fragen Sie sich beim Kritzeln, welche Konsequenzen es für Sie und die Hauptbeteiligten hatte. Schreiben Sie es auf.

5 Kehren Sie auf die erste Seite zurück, kritzeln Sie und überlegen Sie, was Sie persönlich tun könnten, um ein Gefühl der Besänftigung und Entschädigung für sich und die anderen zu erreichen.

◎ Was könnten Sie in Zukunft tun, damit sich solch eine Situation nicht wiederholt?

◎ Was können Sie Konstruktives daraus schließen? Schreiben Sie die Antworten auf die zweite Seite.

6 Atmen Sie langsam und kehren Sie in die Gegenwart zurück. Schreiben Sie regelmäßig, um Ihre inneren Spannungen aufzulösen.

◎ Es ist wichtig, den Einfluss dieses Ereignisses auf Ihre täglichen Reaktionen zu vermindern und einen „friedlichen" Abstand zu dieser lehrreichen Phase zu gewinnen.

DAS SCHREIBEN KANN DAZU BEITRAGEN, IHRE WUT ZU ÄUSSERN UND ABSTAND ZU GEWINNEN.

Entspannen mit Kunst

Die innere Energie wecken

- Malen Sie diesen Baum aus, führen Sie die Buntstiftstriche von unten nach oben, um dem Baum bei seinem Wachstum von der Erde zum Himmel Energie zu verleihen.

- Beschreiben Sie, welche Unternehmungen im Alltag Sie mit dynamischer Energie erfüllen:

Gesundheitstipp

Strecken Sie die Zunge heraus und ziehen Sie sie wieder ein. Führen Sie diese Bewegung eine Minute lang durch. Dann die Zunge zur Seite strecken usw. So entspannen Sie den Hals.

Denken Sie über diesen Satz nach:

Gute Laune hat etwas Edelmütiges: Sie gibt eher als sie erhält.

Alain

Mein Weg zum Wohlbefinden

Am Morgen

- Setzen Sie sich auf den Bettrand, massieren Sie die Vertiefung direkt am Anfang der Ballen der Fußwölbung Ihres rechten Fußes. Sie fühlen sie, wenn Sie von der Mitte der Fußwölbung zu den Zehen hinmassieren.
- Das ist der Hauptpunkt des Nierenmeridians: Sie stärken ihn durch Druck und Loslassen mit dem Zeigefinger. Führen Sie diese Übung eine Minute lang durch.
- Wiederholen Sie die Übung am anderen Fuß. Sie fördern die allgemeine Körperenergie!

Mittags

- Massieren Sie den Punkt links von Ihrem rechten Handgelenk. Sie werden ihn als eine leichte Vertiefung ertasten, wenn Sie von der Mitte des Handgelenkes zur linken Seite massieren, zwischen der Vene und dem Anfang der Hand.
- Wiederholen Sie Druck und Loslassen eine Minute lang, dann wechseln Sie das Handgelenk.
- Das ist ein wichtiger Anti-Stress-Punkt, der sich beruhigend auf die allgemeine Spannung auswirkt.

Am Nachmittag

- Massieren Sie im oberen Bereich Ihres Kopfes die Vertiefungen mit Ihrem Zeigefinger.
- Denken Sie an ein Kind, dass nach einer Lösung sucht und sich am Kopf kratzt, so finden Sie sofort Ihre Anti-Stress-Punkte am Kopf.

Am Abend

- Nehmen Sie sich Zeit, durch vorsichtiges Ziehen Ihre Zehen einen nach dem anderen zu strecken, drehen Sie sie um die eigene Achse und ziehen Sie etwas an ihnen.
- Massieren Sie alle Zehenglieder gut. Im Laufe des Tages kann es bei drückenden Schuhen oder beim Zurücklegen größerer Strecken passieren, dass die Zehen Ihrer Füße zusammengedrückt werden und das Blut schlecht zirkuliert.
- Massieren Sie die Füße regelmäßig, z. B. bei einem guten Film!

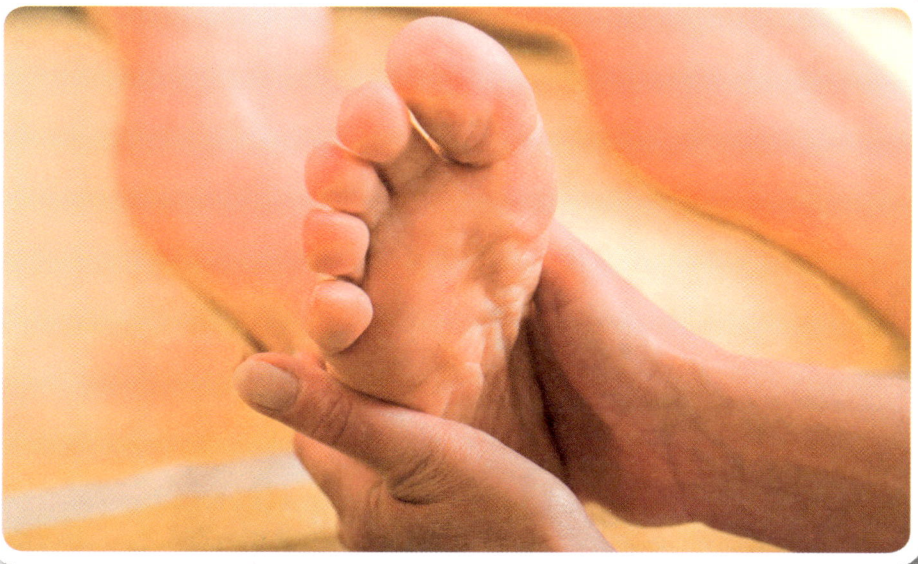

MIT DER SELBSTMASSAGE KÖNNEN SIE DIE ALLGEMEINE ENERGIE DES KÖRPERS ZURÜCKGEWINNEN UND DIESEN BERUHIGEN.

Harmonie aus der Natur

Eine Woche zur Entgiftung und Vitalitätssteigerung: Schaffen Sie sich einen Entsafter an. Das trägt zur Gesundheit der ganzen Familie, das ganze Jahr hindurch, bei.

Am Morgen

◎ Beginnen Sie den Tag regelmäßig mit Karottensaft und einigen Nüssen. Der Beta-Karotin-Gehalt der Karotte wird sich je nach Tagesbedarf in Vitamin A umwandeln. Durch das Essen von Nüssen können Sie diesen Vorgang unterstützen.

◎ Vitamin A hilft bei der Synthese bestimmter Eiweiße. Es begünstigt ebenfalls die Aufnahme von Eisen und scheint eine entzündungshemmende Wirkung zu haben. Es ist auch das Vitamin für die Sehkraft!

◎ Sie finden Beta-Karotin auch in Aprikosen, dunkelgrünem Gemüse ... Sie können bereits fertig zubereitete Karotten-Apfel-Mischungen kaufen. Ein Genuss!

Mittags

◎ Das ideale Mischungsverhältnis ist: 20 % Fruchtsaft und 80 % Gemüsesaft.

◎ Wählen Sie in erster Linie Produkte der Saison.

◎ Probieren Sie auch Gurkensaft, Tomatensaft, Rote-Bete-Saft (gezuckert!) und sogar Rotkohlsaft (jedoch in geringeren Mengen).

◎ Apfelsaft passt in jeder Situation und mit ein paar Tropfen Zitronensaft erhält der Saft eine angenehm säuerliche Note.

◎ Sie können für den Nachmittag 1 Liter vorbereiten und ihn verschlossen im Kühlschrank aufbewahren.

Am Abend

◎ Schwarzer Rettichsaft mit ein paar Tropfen Zitronensaft reinigt die Leber und die Blase.

◎ Bereiten Sie einen Chicoree-Salat zu. Der Chicoree ist reich an Vitamin B9 (Folsäure) und begünstigt die Bildung der roten Blutkörperchen, das Funktionieren des Nervensystems (Synthese der Neurotransmitter) und des Immunsystems.

◎ Wenn Sie Walnüsse und Roquefort hinzufügen, decken Sie Ihren Bedarf an Vitamin A, E und B_{12} sowie Ihren Bedarf an Ballaststoffen, Kalzium, Phosphor und essenziellen Fettsäuren!

Der wechselseitige Austausch

21. WOCHE

Aufmerksamkeit schenken zu können …

… denen, die uns im Tumult des Alltags umgeben, gestaltet sich machmal schwierig und bleibt an der Oberfläche, ohne dass wir uns dessen bewusst sind. Das Feedback kann Sie aus dem Gleichgewicht bringen und ein Grund für Stress sein, der sich durch Schuldgefühle noch verschlimmern kann.

Hier finden Sie Beschäftigungen, die Sie mit Ihren Lieben durchführen können, um die entscheidende Funktion einer Gemeinschaft wiederzufinden: Aufmerksamkeit schenken.

Weise Zitate

- Spielen Sie mit philosophischen Sätzen und weisen Zitaten. Nehmen Sie sich die Zeit, Sätze auf ein Blatt zu schreiben, die unsere Gedanken anregen (angepasst an die jeweilige Alterstufe). Das Wichtige ist das Engagement des Einzelnen und weniger die Überlegung an sich.

- Werfen diese Sätze Fragen auf, empfinden Sie sie als störend, überraschend? Um so besser, Sie werden vermitteln, um eine gemeinsame Harmonie zu schaffen und als Moderator Verantwortung übernehmen.

- Spielen Sie anfangs einmal pro Woche, um eine Grundlage für die gemeinsamen Überlegungen zu bilden. Dieses Spiel eignet sich hervorragend, um eine Mahlzeit zu beleben!

Ein gesundes Menü

- Stellen Sie ein gesundes Menü für das Wochenende zusammen, zu dem jeder etwas beiträgt und mithilft. Sie koordinieren alles, da Sie der Moderator sind.

Momente des Zuhörens

- Führen Sie Minuten des Schweigens und des Zuhörens ein. Das ist sehr schwierig … Und das ist ein heftiger Spiegel für den Stress der Menschen, die Sie umgeben. Sprechen Sie dann, ohne zu drängen, über die Empfindungen. Sie sind der Moderator.

Die Wunschkiste

- Basteln Sie eine Wunschkiste. Jeder legt einen Wunsch, der etwas mit Ihnen zu tun hat, hinein.

- Ziehen Sie einen Wunsch und erfüllen Sie Ihn umgehend.

Ausdruck durch Zeichnungen

- Es kann schwierig sein, etwas auszudrücken, daher zeichnet jeder etwas oder fertigt eine Collage an. Zum Ausdruck kommen soll das, was er am anderen wahrnimmt und was er teilen möchte. Diese kreative Arbeit sollte nicht als Urteil gesehen werden.

Wechselseitige Kreativität

Eine sehr einfache Art der wechselseitigen Kreativität besteht darin, sich Freundschaftsdienste auszudenken. Sie sind der Moderator. Da man von Kreativität spricht, werden Sie beschließen, diese Ideen möglichst kulturell und auf die Idee des Teilens auszurichten.

Webseite zur gegenseitigen Hilfe

- Rufen Sie mit einer Schulklasse, Ihren Liebsten oder Ihrer Nachbarschaft eine Webseite ins Leben, bei der man sich einschreiben kann, mit Bezug zu einem schon bestehenden Verein (leichter zu betreiben).
- Mögliche Ziele: Altersheime, Krankenhäuser, Vereine gegenseitiger Hilfe.

Kleine Geschenke

- Regen Sie die Herstellung kleiner symbolischer Geschenke an, zum Beispiel zu Weihnachten.
- Bitten Sie jeden, eine Zeichnung oder eine Collage zu fertigen und etwas Nettes dazu zu schreiben oder ein „Fröhliche Weihnachten" hinzuzufügen sowie eine Leckerei wie Bonbons, Kleingebäck, Früchte.
- Auf der Rückseite der Zeichnung könnte etwas Poetisches stehen, oder die Erinnerung an einen glücklichen Moment und der Name der Person, die das Bild gemalt hat.

E-Mails zum Wohlbefinden

- Schreiben Sie eine Sammelmail mit Links von Webseiten, die aufbauende Themen eröffnen, damit die Empfänger etwas von Ihren entspannten Gedanken haben: mit einer erwärmenden Musik, Wohlbefinden vermittelnde und leicht zugängliche Blogs, Dokumentationen über neue Wege und Entdeckungen …

Austausch von Diensten

- Eröffnen Sie einen digitalen Briefkasten, der dafür genutzt werden kann Dienstleistungen anzubieten und Dienstleistungen zu erhalten.
- Beispiel: Ich gebe zwei Stunden Englischunterricht und ich suche jemanden, der zwei Stunden Gartenarbeit bei mir verrichtet. Ich helfe jemandem, eine Stunde Besorgungen zu machen gegen eine Stunde Büroarbeit bei mir usw.

Die kollektive Geschichte

- Veröffentlichen Sie im Internet oder in einem gemeinsamen Heft den Anfang einer Geschichte mit den grundlegenden Figuren.
- Legen Sie den positiven Rahmen mit der Anzahl der Seiten fest: die Suche, das auslösende Element, die Entwicklung, die Auflösung.
- Jeder nimmt sich Zeit, zwei Seiten zu schreiben und so weiter. Das ist der Anfang einer gemeinsamen Sammlung, die jeder lesen und ergänzen kann.

Kollektive Kunsttherapie

◎ Hier haben wir das Gesicht eines Mannes und einer Frau. Vergnügen Sie sich mit Ihrer Familie oder Freunden, den idealen Mann und die ideale Frau zu schaffen. Dafür hat jeder eine genaue Zone, mit der er sich befassen soll.
Zum Beispiel kümmert sich Papa um die Augen, Mama um den Mund, ein Freund um die Wangen, ein Kind um die Haare … Entweder benutzen alle verschiedene Filzstifte oder Sie schneiden Details aus Zeitschriften aus, um sie auf die Gesichter zu kleben.

◎ Zögern Sie nicht, Fotos zuhilfe zu nehmen, um zu entscheiden, wie der Gesichtsausdruck sein soll. Tauschen Sie sich untereinander aus.

◎ Dann erzählt jeder, was er mit seiner Wahl ausdrücken wollte. Man lernt viel aus den Erklärungen der anderen und eine überraschende Kreativität entsteht. Übrigens ist es am besten öfter von vorne anzufangen und die Rollen zu tauschen.

◎ Scannen und vergrößern Sie die Zeichnungen, damit Sie sie mehrfach verwenden können.

DANK DIESER KOLLEKTIVEN KUNSTTHERAPIE WERDEN SIE VON IHREN LIEBEN UND DEREN ERKLÄRUNGEN VIEL LERNEN.

22. WOCHE Zeit für mich

Fortsetzung der fünf Tibeter, die Sie in Woche 17 begonnen haben. Man muss also zu den beiden zuvor erlernten Bewegungen zurückgehen, um mit den beiden folgenden weiterzukommen. Erinnern wir uns daran, dass das Ziel darin besteht, diese Bewegungen ganz bewusst durchzuführen, die Muskelarbeit gut zu spüren und Ihren Atemzyklus zu vervollkommenen.

1 Knien Sie, den Po angehoben, Rücken gerade, die Zehenspitzen auf den Boden gesetzt, die Füße angewinkelt, die Handflächen seitlich an die Schenkel gelegt.

- Senken Sie das Kinn auf die Brust und atmen aus, nehmen Sie das Kinn beim Einatmen nach hinten und dehnen dabei Ihre Wirbel. Heben und wölben Sie den Oberkörper entschlossen nach oben, ohne sich zu verausgaben.

- Führen Sie diese Bewegungsserie siebenmal durch.

2 Setzen Sie sich mit gestreckten Beinen und aufrechtem Rücken auf den Boden, die Handflächen legen Sie neben den Po, die Finger in Richtung Beine.

- Senken Sie das Kinn auf die Brust, stützen sich dann auf Ihre Hände. Ziehen Sie das Kinn nach hinten und heben Sie nach und nach den Rücken, um rückwärts im Vierfüßlerstand zu stehen (gehen Sie langsam vor).

- Atmen Sie ruhig, legen Sie sich der Länge nach hin, um sich auszuruhen.

Entspannen mit Kunst

Ausmalen

- Malen Sie diesen Heißluftballon aus. Er symbolisiert Ihren Flug ins Leben. Beginnen Sie mit dem unteren Teil in kalten Farben (Violett, Blau, Grün) und gehen Sie, je höher Sie kommen, zu warmen Farben über (Rot, Orange, Gelb).

- Fassen Sie in einigen Worten zusammen, was Ihnen inneren Auftrieb gibt:

Denken Sie über diesen Satz nach:

Unsere Freiheit ist wie ein Kreis, dessen Durchmesser bei jedem Menschen anders ist.

Julien Green

Gesundheitstipp

Stimulieren Sie Ihren Nacken, durch den zahlreiche Nerven laufen, legen Sie Ihren Kopf auf Ihre rechte und dann die linke Schulter. Jeweils eine Minute lang. Das fördert die Konzentration.

Mein Weg zum Wohlbefinden

Am Morgen

- Beschließen Sie, eine Woche lang jeden Morgen zügig und wenn möglich schweigend zu gehen, auch wenn es nur drei Minuten sind.
- Trinken Sie kurz vor dem Losgehen ein großes Glas Wasser.
- Gehen Sie bedächtig (bedenken Sie dies, wenn Sie ein Verkehrsmittel nehmen müssen), halten Sie Ihren Blick auf einer Höhe von etwa einem Meter. So sehen Sie, was geschieht, setzen sich aber gleichzeitig unter Selbsthypnose, da sich Ihr Atemzyklus anpasst und sehr schnell kommen Sie in die Alpha-Welle.
- Sobald Gedanken auf Sie einstürmen („habe ich die Tür richtig geschlossen, nicht vergessen zu …"), konzentrieren Sie sich auf Ihren Blick und die Gedanken verlieren ihre Bedeutung. Sie nehmen nichts von Ihrem Privatleben mit ins Berufsleben und Sie befinden sich in mentaler Harmonie.

Vor dem Mittagessen

- Zwei-Minuten-Pause: Ihre Stirn liegt in Ihren Händen, die Augen geschlossen lauschen Sie mit einem Kopfhörer sanfter Musik.
- Anschließend gehen Sie mittagessen. So bauen Sie den Stress des Vormittags ab.

Am Nachmittag

- Stellen Sie ein Objekt auf Ihren Schreibtisch, das Sie inspiriert (Familien- oder Landschaftsfoto). Schauen Sie das Foto zwei Minuten lang an, ohne es zu interpretieren.
- Diese meditative Pause wird Sie unmittelbar entspannen, da es Sie von der mentalen Übersättigung abkoppelt.

Konzentration am Spätnachmittag

- Legen Sie einen ruhigen Gang ein, indem Sie sich auf Ihre Atmung konzentrieren.
- Stellen Sie sich vor, dass bei jedem Ausatmen die Müdigkeit des Tages von Ihnen abfällt.
- Richten Sie eine Schleuse zwischen Ihrem Berufsleben und dem Privatleben ein. So lassen Sie den Arbeitstag und das Büro hinter sich. Sie schließen die Tür zum Arbeitstag.

Harmonie aus der Natur

Ein angenehmens, sauberes Heim ist wichtig. Harmonie in den eigenen vier Wänden ist eine konkrete Stütze in schweren Zeiten und vervielfacht die Momente der Heiterkeit. Immer mehr Personen arbeiten über das Internet zu Hause und fahren weniger in Urlaub. Hier ein paar Ratschläge, wie Sie Ihren Lebensraum einrichten können, damit er zu der emotionalen Ergänzung wird, die Sie brauchen. Verbringen Sie Zeit auf Flohmärkten, um Ihrem Heim eine persönliche Note zu geben. Finden Sie Ihren ureigenen Stil!

Sanftheit

- Vermeiden Sie alles, was Spitzen oder zu sichtbare Ecken hat: Stellen Sie auf die Ecken Ihrer Möbel einen dekorativen Gegenstand, der diese Ecke verbirgt und noch originell aussieht.
- Sie können mit originellen Tagesdecken im Ethno-Stil ein neues Flair verbreiten.
- Verteilen Sie kleine Kissen in zarten Farben auf den Betten.

Öffnung

- Hängen Sie nur Bilder an die Wand, die „das Zimmer öffnen": Landschaften, leichte, nicht zu schattige Malerei, vermeiden Sie Bilder mit schwermütiger Wirkung, Destruktives ...

Raum

- Richten Sie sich so ein, dass Sie sich frei bewegen können: Wenn Sie ein Zimmer betreten, sollte Ihr Blick frei wandern können, ohne ständig an etwas hängen zu bleiben.
- Stellen Sie Ihr Bett im Schlafzimmer an einen guten Platz. Es ist ein Ort der Erholung und kein zweitrangiger Raum.
- Das Fernsehgerät sollte nicht das Zimmer beherrschen. Bei der Inneneinrichtung sollte Raum für den Dialog bevorzugt werden.

Lebendig

- Der Eingangsbereich ist das Erste, das Sie oder die Gäste sehen. Stellen Sie Blumen auf: Schnittblumen (auch eine einzige!) sind Zeichen des „Lebendigen".
- Mischen Sie ein Potpourri aus Zitronen- und Orangenschalen, Rosenblättern und einer Zimtstange ...
- Das Ambiente mit der Duftkombination bietet Ihnen Sanftheit und Trost (ändern Sie die Zusammensetzung je nach Jahreszeit).
- Versprühen Sie jedes Wochenende ein ätherisches Öl, das die Räume „reinigt": Lavandin, Bergamotte.

23. WOCHE Zeit für mich

Tupfen Sie mit unterschiedlichen Farben, atmen Sie dabei tief aus:

Füllen Sie diesen Kreis im Uhrzeigersinn mit ansteigenden Spiralen aus:

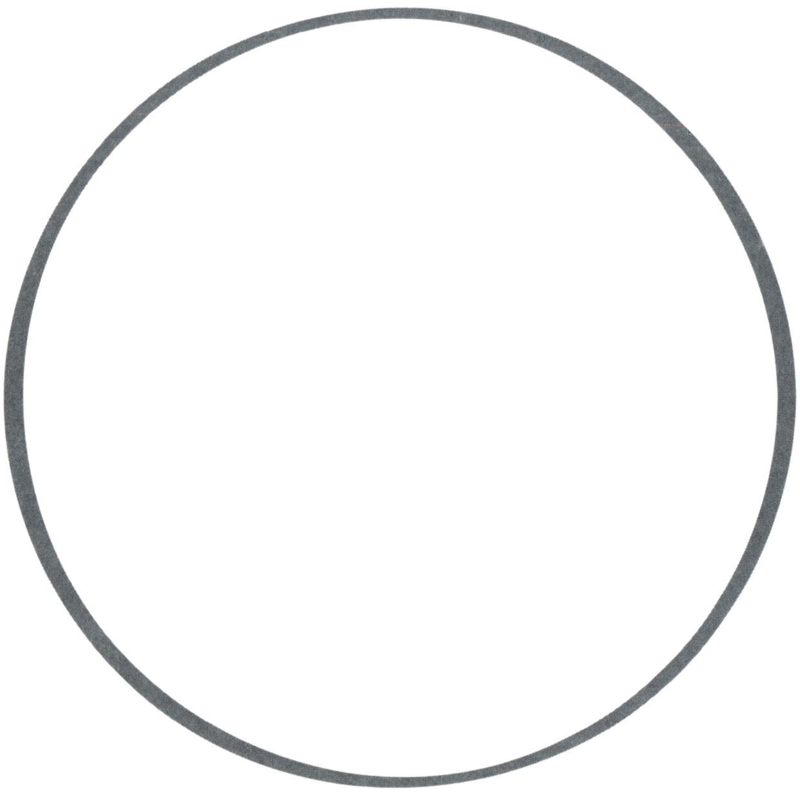

SCANNEN SIE DIESE SEITE, UM DIE ENTSPANNUNGSÜBUNG REGELMÄSSIG WIEDERHOLEN ZU KÖNNEN.

Entspannen mit Kunst

Mandala der Entspannung

Malen Sie von der Mitte aus zum Rand hin. Wählen Sie Ihre Farben. Tupfen Sie ab und zu mit den Stiften, um dem Bild ein Relief zu geben und Sie zu entspannen.

Notieren Sie einige Wörter, die für Sie den Gedanken des Erblühens symbolisieren:

Denken Sie über diesen Satz nach:

Jeder harmonische Akt im Leben führt im Einklang mit Gegenwart und Zukunft zur Blüte.
Albert Khan

Gesundheitstipp

Dehnen Sie Ihren Rücken gleichmäßig, gähnen Sie bewusst. Das hilft Ihnen, konzentriert und entspannt zu bleiben.

Mein Weg zum Wohlbefinden

Der Erhalt der Muskulatur und das Stretching sind an den Wochenenden unumgänglich, um den Körper von der bei der Arbeit eingenommenen schlechten Haltung zu kurieren. Seien Sie sich bewusst, dass wenn Sie konzentriert und aufmerksam sind, eine nervöse Verbindung vom Gehirn zum Muskel besteht, als ob Sie Gewichte tragen würden, ohne jedoch Ihrem Körper zu viel abzuverlangen, was die Muskelarbeit gegen einen Widerstand betrifft.

1 • Atmen Sie aus und neigen Sie sich zu beiden Seiten (siebenmal).
2 • Atmen Sie aus und strecken Sie die Arme aus (siebenmal).
3 • Atmen Sie aus und nehmen die Arme nach unten (siebenmal).
4 • Atmen Sie aus und gehen Sie mit einem Bein in die Knie (siebenmal).

1

2

3

4

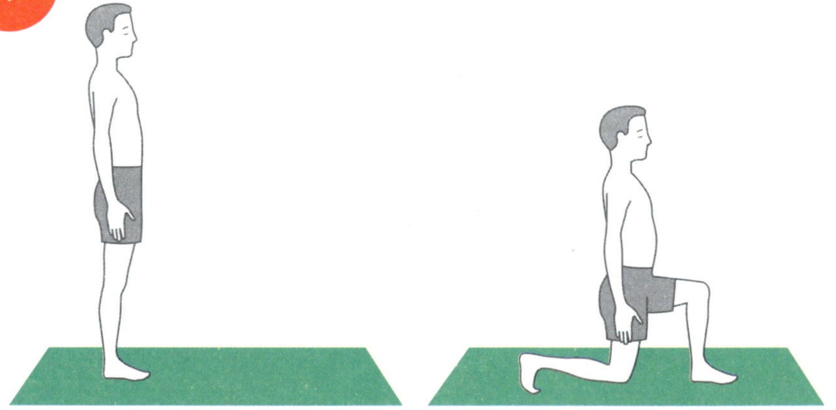

Harmonie aus der Natur

Die elektromagnetische Verschmutzung existiert wirklich. Man muss z. B. wissen, dass Smartphonehersteller oder Hersteller für Wi-Fi-Zugänge gegenwärtig ihre Produkte mit einem Dämpfer für elektromagnetische Wellen herstellen. Man schafft Zonen frei von Wellen für Menschen, die unter einer elektromagnetischen Überempfindlichkeit leiden. Hier finden Sie einige „Vorsichtsmaßnahmen", die Sie bei sich zu Hause umsetzen können, und es bleibt zu wünschen, dass es der Nachbar ebenfalls tut!

Pads

- Sie können selbstklebende Strahlenschutzaufkleber aus Metall und Quarzpulver einsetzen.
- Sie werden auf den Rand von Bildschirmen und hinter die Smartphones geklebt; sie begrenzen die Ausbreitung der Wellen.

Pyramiden

- Von Wilhelm Reich entwickelt, neutralisieren die Orgonitkegel, mit weißem Quarz und Shungit gemischt, als dicke Scheibe oder Pyramide einen guten Teil der Wellen, wenn sie in der Nähe von Wi-Fi-Quellen aufgestellt werden.
- Sie finden sie im Internet oder bei auf Mineralien spezialisierten Händlern.

Hüllen

- Fertigen Sie aus rostfreiem Stahl und Leinen Hüllen für Ihr Mobiltelefon. Die Hüllen werden Ihr Telefon schützen und Ihren Organismus vor den Wellen schützen.

Cereus hilmannianus

- Der Kaktus Cereus hilmannianus hat, obwohl wenig Feng Shui (stachlig!), die Eigenschaft, die elektromagnetischen Wellen aufzunehmen.
- In der Nähe von Bildschirmen und Mikrowellen aufstellen!

Betelpalme

- Die Betelpalme reduziert die Tragweite von Wellen und absorbiert die organischen, flüchtigen und giftigen Inhaltsstoffe aus Ihrem verklebten Teppichboden, der PVC-Fenster und Lufterfrischer.

DIESE EINFACHEN VORSICHTSMASSNAHMEN HELFEN IHNEN, ELEKTROMAGNETISCHE VERSCHMUTZUNG ZU VERMEIDEN.

24. WOCHE

Zeit für mich

Die fünfte Übung der fünf Tibeter (siehe Woche 17 und 22) ermöglicht Ihnen, den gesamten Rücken und Oberkörper zu stärken. Führen Sie die Übung bestmöglich durch, aber in Ihrem eigenen Rhythmus und immer schrittweise. Wärmen Sie sich vorher auf (trippeln auf der Stelle oder mit Stretching). Diese Übung wird in zwei Phasen durchgeführt.

1 Die erste Stufe erinnert an Liegestütze.

- Sie liegen auf dem Bauch, Hände auf dem Boden und die Arme an der Seite angewinkelt (wie für Liegestützen).

- Sie heben zuerst den Kopf und dehnen Ihren Rücken, dann stellen Sie den Körper auf die Fußspitzen auf während Sie einatmen und legen sich wieder hin und atmen aus (ein- bis siebenmal).

2 Fügen Sie zum Abschluss drei weitere Bewegungen hinzu: Schieben Sie Ihr Gesäß weit nach hinten, lassen Sie die Hände mit gestreckten Armen auf dem Boden und legen Sie sich wieder hin.

- Im Liegen bringen Sie das Gesäß zu den Fersen und die Stirn auf den Boden. Entspannen Sie so einen Moment lang. Stehen Sie langsam wieder auf.

ES IST WICHTIG, DIE ÜBUNGEN IN IHREM EIGENEN RHYTHMUS DURCHZUFÜHREN.

Entspannen mit Kunst

Sich Begegnungen öffnen

◎ Kleben Sie in die Mitte der Zeichnung ein Bild, das symbolisch den Wunsch ausdrückt, auf andere zuzugehen. Kleben Sie rundum Bilder, die von diesem Lebensprinzip natürlich abgeleitet werden können (Objekte, Personen, Landschaften usw.).

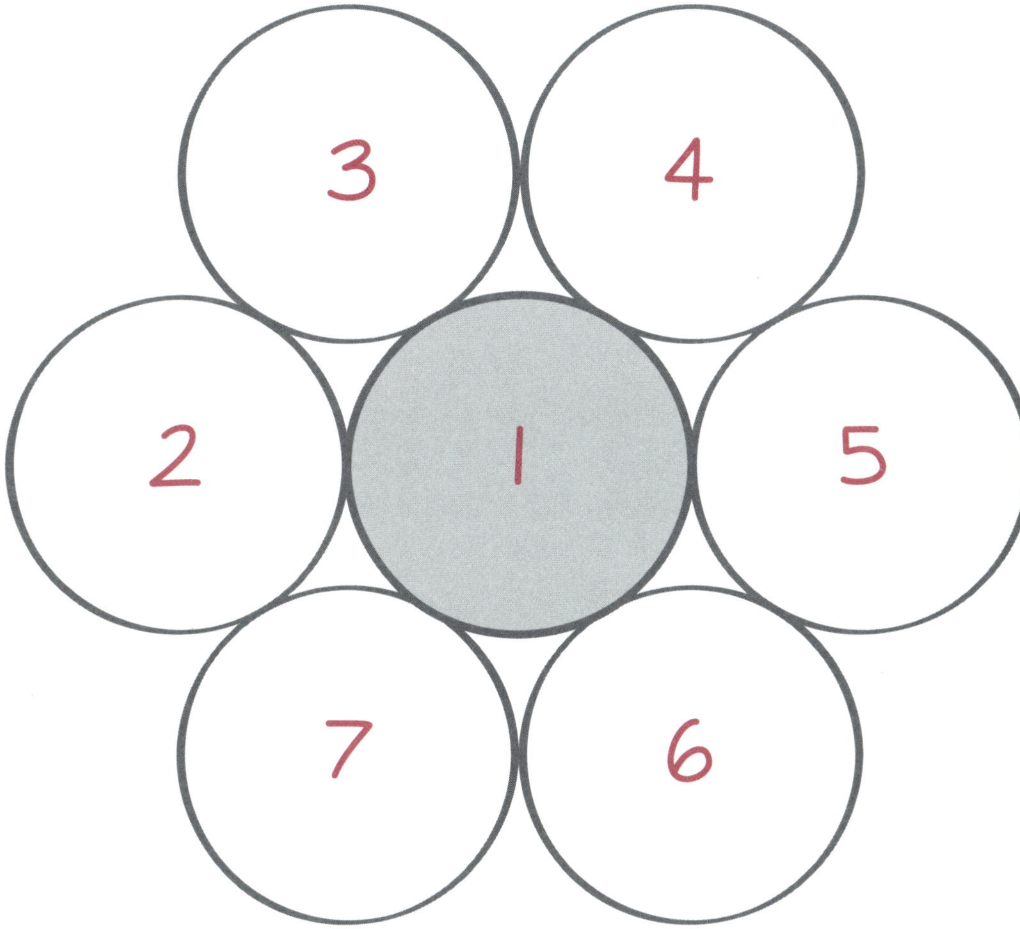

◎ Drücken Sie jedes der gewählten Bilder in Worten aus:

Denken Sie über diesen Satz nach:

Die Ewigkeit einer menschlichen Existenz liegt nur in den Gefühlen, die sie teilt.

Marc Levy

Gesundheitstipp

Trinken Sie regelmäßig etwas Bio-Traubensaft. Er ist gut für das Kurzzeitgedächtnis und Orangensaft mit Vitamin C gut für das Langzeitgedächtnis.

Mein Weg zum Wohlbefinden

Am Morgen

- Entkrampfen Sie Ihre Hände, da die Handgelenke in der Nacht oft unabsichtlich gekrümmt werden.

- Legen Sie dafür die Handflächen aneinander mit den Fingern nach oben (Gebetsposition), dann heben Sie die Ellenbogen nach und nach zur Seite. Durch das Auseinanderziehen der Handballen üben Sie Druck auf die Finger aus.

- Führen Sie diese Bewegung mehrmals aus. Drehen Sie dann die Hände nach vorne und nach hinten, zwei Drittel der Finger immer in Kontakt. Sie werden spüren, wie Ihre Handgelenke arbeiten, sie manchmal sogar knacken hören.

- Zeigen Sie mit den aneinandergelegten Fingern zur Wand, lösen Sie die Handflächen voneinander, die Finger bleiben zusammen, dann drehen Sie die Hände so, dass sich die Handrücken berühren, (Ihre Ellenbogen werden sich heben). Sie spüren, dass Ihre Handgelenke angestrengt sind, kehren Sie zurück zu Handfläche auf Handfläche.

- Führen Sie diese Bewegung mehrmals im Laufe des Tages und vor dem Schlafengehen durch, um alle Verkrampfungen der Unterarme loszuwerden.

Mittags

- Abwechselnd eine Stufe normal vorwärts, dann rückwärts gehen (sogar einige Meter): Das lässt Ihr Gehirn arbeiten und harmonisiert die Gehirnhälften.

- Wenn Sie die Übung beim Treppenhinuntergehen durchführen und dann langsam rückwärts wieder hinaufsteigen, entspannen Sie zusätzlich die Beinmuskeln und trainieren Ihre Aufmerksamkeit.

Am Abend

- Öffnen Sie die Arme zur Seite und atmen Sie ein. Atmen Sie aus und bringen Sie die Arme zurück. Beugen Sie sich nach vorne und massieren Sie die Lendenwirbel mit einem entspannenden Öl.

- Machen Sie ein paar Kniebeugen und gehen Sie schlafen. Ihr Körper befindet sich in Harmonie.

Harmonie aus der Natur

Raffiniertes Getreide hat nur noch kleine Mengen seiner nährenden Qualitäten. Dadurch werden die vom Körper für das gute Funktionieren des Organismus benötigten Vitamine und Mineralien nicht zugeführt. Da keine Sättigung eintritt, kann das zu Lust am Knabbern führen. Essen Sie Vollkornbrot oder Mischbrot (100 % Vollkorn kann den Darm reizen), möglichst aus biologischem Anbau!

Dinkel

- Dinkel ist in Form von Körnern, Mehl, Spaghetti usw. erhältlich. Er benötigt weder Dünger noch chemische Verarbeitung, was ihn noch gesünder macht. Mit seinem hohen Magnesiumgehalt ist er ein hervorragendes Anti-Stress-Nahrungsmittel.

Haferflocken

- Haferflocken sind gut für die Nerven (Eisen, Zink, Mangan). Sie können sie mit Milch zum Frühstück essen oder Kuchen damit backen. Aus Hafermehl können Sie leckere Mürbeteigkekse backen!

Sonnenblumenkerne

- Sie sind ein Lieferant für Vitamin B_9, das dem Körper hilft, Dopamin, eine Quelle der Heiterkeit, zu produzieren. Fügen Sie Mandeln und Haselnüsse hinzu (zum Aperitif, zum Beispiel). Diese schmackhafte Zusammenstellung ist gut für Ihr allgemeines Nervensystem.

25. WOCHE

Zeit für mich

Ein gutes Mittel Besänftigung zu erlangen besteht darin, jederzeit Empathie für andere oder für Ereignisse empfinden zu können, ohne sich zu sehr damit zu belasten. Hier finden Sie drei Methoden, die Ihnen helfen können. Sie ergänzen sich und sollten regelmäßig durchgeführt werden.

Schutz

- Das Sicherheitsgefühl ist wichtig. Es reduziert Stress. Beginnen Sie im Sitzen und stellen Sie sich vor, dass Sie nach und nach durch Ihre Atmung ein Energiefeld schaffen, das Sie einhüllt.

- Atmen Sie langsam tief ein, dann atmen Sie aus und fühlen dabei, dass Sie auf die Hülle treffen, die Sie umgibt und gegen jegliche negative Energie schützt.

- Autosuggestion ist wichtig. So behalten Sie Ihre Wurzeln, kommen nicht aus dem Gleichgewicht, bleiben bei sich und sind nicht verwundbar.

- Führen Sie diese Übung regelmäßig durch, auch wenn es nur fünf Minuten sind. Sie „zementieren“ damit Ihren mentalen Schutz und selbst, wenn Sie müde sind, lassen Sie sich nicht verletzen und werden nicht zu einem „Schwamm“!

Posturale Empathie

- Entweder Sie benutzen dieselben Gesten wie Ihr Gesprächspartner, gefaltete Arme oder am Körper herabhängend, oder Sie wählen ergänzende Gesten, um die Beziehung zu erleichtern: Wenn Ihr Gesprächspartner eine nervöse Haltung hat, helfen Sie ihm ganz nebenbei zu einer entspannten Haltung; wenn er lieber eine eisige Haltung einnimmt, nehmen Sie eine respektvolle und herzliche Haltung an usw.

- So öffnen Sie den Weg für konstruktive Lösungen und nicht „belastende“!

Misstrauen Sie der Interaktivität Ihres eigenen Stresses

- Sie selbst können das auslösende Element einer schlechten Beziehung sein. Nehmen Sie sich daher einen Moment Zeit, um auf Ihre Art des Zuhörens zu achten!

- Sind Sie wirklich für den Austausch zugänglich? Schneiden Sie das Wort ab? Drückt Ihre Stimme Ungeduld und Reizbarkeit aus? Werten Sie die Ergebnisse aus und korrigieren Sie Ihre Einstellung.

DIESE DREI METHODEN HELFEN IHNEN, SICH VON ALLTAGSPROBLEMEN NICHT VEREINNAHMEN ZU LASSEN UND EMPATHISCH ZU BLEIBEN.

Entspannen mit Kunst

Mandala Zielscheibe

◎ Ziehen Sie von der linken Seite des Blattes, auf die Sie Ihre Ziele schreiben werden, Striche zum Zentrum der Zielscheibe mit der Absicht, es zu schaffen, bei jeder Ihrer Entscheidungen ans Ziel zu gelangen.

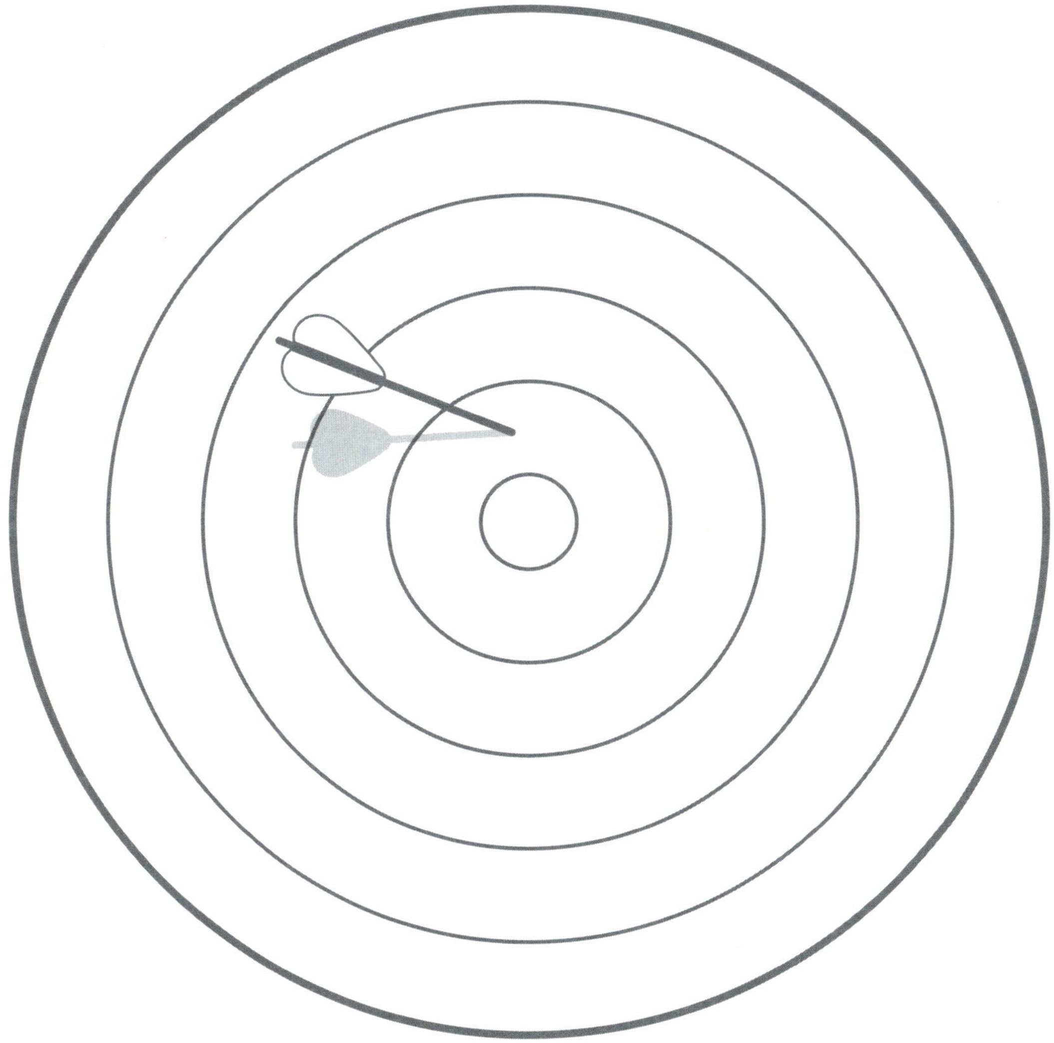

◎ Notieren Sie in wenigen Worten, wie Sie diese Entscheidungen umsetzen möchten:

Denken Sie über diesen Satz nach:

Der Wille erlaubt, die Gipfel zu erklimmen, ohne Willen bleibt man am Fuß des Berges.

Chinesisches Sprichwort

Gesundheitstipp

Schließen Sie die Augen und schreiben Sie vor Ihrem geistigen Auge die Wörter auf: Erfolg, Ergebnis, Glück, Erfüllung, um Ihre Wünsche zeitlich zu verankern.

Mein Weg zum Wohlbefinden

Am Morgen

◎ Blasen Sie wie ein Trompeter die Backen auf und blasen Sie sehr langsam mit gespitzten Lippen und geschlossenen Augen in Ihre Handfläche. Lernen Sie, Ihren Atem zu nutzen, um die Gedanken für Ihr Wohlbefinden zu verlängern.

◎ Verinnerlichen Sie den Gedanken: „Ich werde gelassen sein." Es ist wie ein Eid, den Sie leisten, eine Vereinbarung, die Sie mit sich selbst treffen und dabei den Atem Ihren Körper durchströmen lassen.

◎ Die Hände in der Nähe des Mundes wärmen Sie, um sich anzuregen, entfernen Sie die Hände, bringt das Abkühlung und damit sanfte Entspannung.

◎ Pusten Sie so in einer innerlich positiven Haltung auf Ihr Frühstück. Magnetisieren Sie mit der Lebenskraft Ihres Atems alle Nahrungsmittel.

◎ Diese respektvolle Haltung lässt Ihren Wunsch, mit sich selbst in Einklang zu sein, gelingen. Sie sind von Anfang an mit dem Tag konstruktiv verbunden.

Am Nachmittag

◎ Atmen Sie aus, haben Sie dabei positive, konstruktive Gedanken.

◎ Atmen Sie aus und geben so ein wenig von sich selbst, damit Ihre Umgebung von Ihnen profitieren kann.

◎ Geben Sie jeden Tag ein wenig von sich selbst. Übernehmen Sie auch eine positive Rolle im Alltag der anderen. Der Atem hilft dabei unmittelbar.

Am Abend

◎ Bereiten Sie sich aufs Einschlafen vor. Lassen Sie Ihren Atem Ihren ganzen Körper umschließen, wie eine schützende Energie, die Sie umgibt und sich bei jedem Ausatmen neu erschafft.

◎ So schaffen Sie sich einen Zufluchtsort und Ihre Wolke des Schlafes, die Sie in wohltuende Träume entführt!

Harmonie aus der Natur

Gärtnern ist ein wunderbares Hobby und gleichzeitig ein guter Weg, zu qualitativ hochwertigen und frischen Produkten zu kommen (Obst, Gemüse, Kräuter), die Sie um so mehr schätzen werden, wenn Sie selbst zu ihrem Gedeihen beigetragen haben. Was ist angenehmer als an einer Tomate zu riechen, die unterschiedlichen Geschmacksrichtungen zu probieren und zu sehen, wie Apfel- und Birnbäume wachsen und gedeihen?

Sie können Ihre Anpflanzung nach Ihren persönlichen Vorlieben und Wünschen für Ihre Gesundheit ausrichten. Nehmen Sie einfache, kleine Töpfe mit etwas Erde, die für das Anpflanzen von Kräutern angereichert ist. Es braucht nicht viel! Sie müssen nur regelmäßig gießen und kommen in den Genuss zahlreicher Vorteile:

Thymian

- Mit seinen blühenden Spitzen können Sie einen Aufguss bereiten, der bei Husten und Bronchitis lindernd wirkt.

Rosmarin

- Schafft Erleichterung bei Verdauungs- und Leberbeschwerden. Als Aufguss oder als Würze in der Tomatensoße.

Basilikum

- Wirkt beruhigend bei Krämpfen und stärkt das Nervensystem. Als Aufguss oder als Würze in der feinen Küche.

Minze

- Fördert die Funktion des Magens, der Leber, der Galle und des Darms. Als Aufguss, als Würze von raffinierten Gerichten oder im Salat.

Lavendel

- Er beruhigt und entspannt, fördert den Schlaf und lindert Kopfschmerzen. Verwenden Sie die Blüten als Tee oder auch im Salat.

Dill

- Er ist harntreibend und gut für die Verdauung. Eignet sich hervorragend für Fisch, kann aber auch als Kräutertee getrunken werden (ohne den Stiel).

VERGESSEN SIE NICHT, DASS EINE PFLANZE LEBT, MISSACHTEN SIE SIE NICHT!

26. WOCHE Zeit für mich

Gewöhnen Sie sich an, auf Ihrem täglichen Weg zur Arbeit eine Atemübung durchzuführen, die Sie auf der Höhe des Sonnengeflechts besonders entspannt. Diese vorbeugende Übung ist gelungen, sobald Sie fühlen, dass sich „eine Kugel im Bauch" formt. Vor Geschäftsterminen, einer ärztlichen Untersuchung oder einer wichtigen Verabredung können Sie ein nervöses Unbehagen empfinden, das sich durch eine stockende Atmung ausdrückt. Wie nach einem anstrengenden Tag, wenn Sie sich außer Atem und gereizt fühlen.

- Um die Spannung aus Ihrer Bauchmuskulatur zu nehmen, reiben Sie Ihre Hände aneinander und legen die angewärmten Hände auf den Oberbauch. So können Sie einen beruhigenden Impuls geben.

- Atmen Sie durch die Nase ein und wölben den Bauch heraus. Atmen Sie aus, zeichnen Sie dabei Kreise mit den Handflächen auf den ganzen Bauch und massieren ihn.

- Gehen Sie beruhigend auf Ihre Ängste ein!

- Wenn Ihr Bauch bereits hart ist und Sie nicht normal atmen lässt, ist es wichtig, den Stoffwechsel im Blut zu verbessern.

- Legen Sie dafür Ihre beiden Fäuste auf das Sonnengeflecht, atmen Sie ein und breiten Sie die Arme horizontal aus. Atmen Sie tief, öffnen Sie dabei die Hände und ziehen die Arme möglichst weit nach hinten.

- Richten Sie Ihre Aufmerksamkeit auf den Oberbauch mit dem Gedanken, diesen Bereich von jeglicher Anspannung zu befreien.

- Wiederholen Sie die Übung siebenmal.

- Führen Sie jedes Wochenende die unten abgebildete Übung durch, öffnen Sie Ihren Oberkörper weit für die Einatmung und atmen dann langsam wieder aus.

- Passen Sie die Übung Ihren Fähigkeiten an, ohne sich den Nacken zu verletzen. Führen Sie die Übung möglichst an der frischen Luft durch.

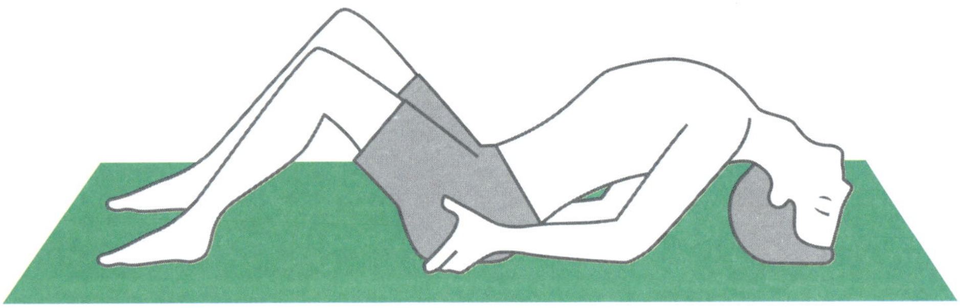

EIN WEITSICHTIGES BEWUSSTSEIN IST ANGEBRACHT, UM SICHERZUSTELLEN, DASS SIE IHR EMOTIONALES GLEICHGEWICHT AUCH IN SCHWIERIGEN ZEITEN BEHALTEN.

Entspannen mit Kunst

Ganz gemächlich überqueren

◎ Wählen Sie Ihre persönlichen Farben, die Sie mit einer gemächlichen Überfahrt verbinden.

◎ Notieren Sie ein paar Worte, die Sie mit der Vorstellung von Gelassenheit verbinden:

Denken Sie über diesen Satz nach:

Die Ruhe von zwei Welten basiert auf diesen beiden Wörtern: Wohlwollen Freunden gegenüber, Toleranz Feinden gegenüber.

Persisches Sprichwort

Gesundheitstipp

Stellen Sie sich eine Klangmontage aus den Tönen der Natur (Meer, Vögel) zusammen und hören Sie sie während des Ausmalens zur Entspannung und Konzentration an.

Mein Weg zum Wohlbefinden

Am Morgen

◎ Eine kleine Aufwärmübung der Muskeln weckt den Körper und erfüllt den Tag mit guter Laune!
◎ Duschen Sie und richten Sie einen kräftigen Wasserstrahl auf die Beine, zunächst auf Höhe der Knöchel, dann lassen Sie ihn höher wandern.
◎ Nehmen Sie sich die Zeit, anschließend ein belebendes Duftwasser oder Eau de Cologne auf dem ganzen Körper zu verteilen. Klopfen Sie leicht Ihre Wangen, um die Blutzirkulation in den Gesichtsmuskeln zu stimulieren.

Anfang des Nachmittags

◎ Denken Sie an einen nassen Hund, der sich schüttelt: Er bewegt seine ganze Muskelmasse. Machen Sie es genauso, jedoch mit jedem Schenkel einzeln, anschließend mit den Schultern.
◎ Dann neigen Sie sich nach vorne und wackeln mit dem Gesäß. Das sieht nicht unbedingt elegant aus, bringt jedoch Ihre Körperspannung zurück. Es ist auch ein Zeichen des Körpers, dass er von der Entspannung in eine Phase der Konzentration übergeht.

Mitten am Nachmittag

◎ Gönnen Sie sich eine Kräuterteepause zur Konzentration. Wählen Sie Ginkgo, Ingwer oder grünen Tee. Vermeiden Sie jedoch anregende Getränke (Kaffee oder Schwarztee). Essen Sie möglichst Obst und einen Joghurt.

Am Abend

◎ Strecken Sie Ihren Körper, der den ganzen Tag über ungünstige Positionen ausgleichen musste und Ihre „kleinen Übel" auf dem Rücken austrägt!
◎ Duschen wäre das Beste. Oder Sie stellen sich aufrecht, die Arme längs des Körpers und heben Sie langsam die Hände vor sich. Atmen Sie dabei ein.
◎ Heben Sie sie über den Kopf und stellen sich auf die Zehenspitzen, dann atmen Sie aus und kehren in die Ausgangsposition zurück.
◎ Wiederholen Sie die Übung sukzessive siebenmal.

Harmonie aus der Natur

Die Hydratation des Körpers hat schon vom Morgen an größte Priorität. Da Sie mehr als einen Liter pro Tag trinken sollen, einschließlich Fruchtsäfte, Tees usw., können Sie einfach eine Flasche Wasser mit aktiven Zusätzen mitnehmen!

Bio-Apfelessig

- 2 Esslöffel (oder weniger) auf 1 ½ Liter Wasser.
- Der Geschmack ist gewöhnungsbedürftig, aber die Vorteile sind spürbar! Es ist ein effektives Entschlackungsmittel, dessen Minerale und Vitamine Ihren Körper stärken und für ein intaktes Immunsystem sorgen. Es ist darüberhinaus sehr kostengünstig.
- Wählen Sie ein Bio-Produkt, um Konservierungszusätze und andere Sulfite zu vermeiden.
- Einmal wöchentlich wäre schon sehr gut!
- Bei verstopften und entzündeten Nasennebenhöhlen reinigt das Inhalieren von warmem Wasser mit Essig. Sie werden schnell Erleichterung empfinden.

Die magnetischen Gürtel

- Im Handel erhältlich, wo Sie auch Magnete kaufen können.
- Das Magnetit ist in ein Stirnband mit Klettverschluss eingearbeitet. Bringen Sie es um Ihre Wasserflasche an und in weniger als einer Stunde wird das Wasser magnetisiert sein, was eine Aktivierung des Lymphsystems bewirkt.
- Es übernimmt die Aufgabe der Reinigung und Ausschwemmung der Zellabfälle und von Stoffen, die vom Gewebe nicht benötigt werden. Damit stärken Sie die Abwehrkräfte.
- Wenn Sie gerne Leitungswasser trinken, ist die Magnetisierung ideal, weil das Wasser kaum magnetisiert ist.

Ätherisches Rosmarinöl

- 2 Tropfen in 1 Flasche Wasser geben, reinigt den Tag über Ihren Organismus.

Eine halbe Zitrone auf einen Liter Wasser

- Erfrischt und versorgt Sie mit Kalzium, Magnesium und Vitamin C. Von morgens an wirkt es sich günstig auf die Leber aus und Sie sind für eventuell bevorstehende, reichhaltige Mahlzeiten vorbereitet.

WASSER IST FÜR DEN ORGANISMUS UNERLÄSSLICH. ES KANN, WIE SIE SEHEN, VERSCHIEDENE BOTSCHAFTEN DIREKT ZU DEN KÖRPERZELLEN TRANSPORTIEREN.

27. WOCHE Zeit für mich

Die Bewegungen des Qigong (oder Chigong) koordinieren Atmung und Bewegung konsequent durch den Rhythmus. Das verlangt, eng mit seinem Körper verbunden zu sein, aufmerksam und gewissenhaft. Es ist ein interessanter Weg zum Stressabbau. Hier finden Sie einige Grundbewegungen. Es steht Ihnen frei, diese Entdeckung auf geistigem und körperlichem Niveau beliebig zu erweitern. Stellen Sie sich vor, dass jedes Mal, wenn Sie die Energie der Welt mit Ihren Händen einfangen und diese Energie wie eine Kugel formen, Sie diese strecken und um sich legen können. Führen Sie jede Übung mindestens siebenmal durch.

1 Atmen Sie ein und heben Sie die Arme, atmen Sie beim Absenken der Arme am Körper entlang wieder aus. Gehen Sie sehr langsam vor, um nach und nach die Atmung gut an den Rhythmus der Bewegungen anzupassen.

2 Mit Ihren Händen bringen Sie die Energie der Welt zu Ihrer Brust, atmen Sie dabei ein. Beim Ausatmen lassen Sie die Energie den Oberkörper hinunterwandern und setzen symbolisch die Erde zu Ihren Füßen.

3 Atmen Sie ein und heben Sie die zu den Seiten ausgestreckten Arme bis zur Höhe der Schultern an. Atmen Sie aus und lassen die Arme im Bogen sinken, sodass Sie das Gefühl haben, eine Energieblase um sich zu bilden.

Entspannen mit Kunst

Frieden bringt einen fruchtbaren Austausch

◎ Schreiben Sie in den See die Namen der Menschen, mit denen Sie sich einen friedlichen Austausch wünschen. Malen Sie über die Namen, indem Sie sich dem Wunsch nach einem friedlichen Austausch völlig hingeben. Malen Sie am Schluss den Berg an, der diese Entscheidung besiegelt.

◎ Notieren Sie ein paar Worte über den friedlichen Austausch mit Ihren Lieben:

Denken Sie über diesen Satz nach:

Lieben bedeutet, seinen Reichtum außerhalb von sich zu finden.

Alain

Coaching-Tipp

Bemühen Sie sich, täglich symbolisch und mental einen Teil von sich selbst jemandem anzubieten, der nicht zu Ihrem engeren Umfeld gehört.

Mein Weg zum Wohlbefinden

Am Morgen

- Beginnen Sie mit drei Schweigeminuten.
- Dann führen Sie alle Bewegungen behutsam durch: gehen, duschen, essen ... Sie werden sehen, dass das gar nicht so einfach ist, und dass Sie vermutlich an einen zügigen Start in den Tag gewohnt sind, ohne dies zu wollen!
- Beginnen Sie also den Tag bewusst auf eine friedliche Weise, indem Sie im „Hier und Jetzt“ weilen und nicht gedanklich bereits im „Später“ sind.

Ende des Vormittags

- Strecken Sie Ihre Arme in die Höhe, um sich zum Gähnen zu bringen, die Bauchmuskulatur zu entspannen und auf das Nervensystem einzuwirken.
- Neigen Sie den Kopf zu jeder Seite, reiben Sie Ihre Hände, massieren Sie das Gesicht und los geht's. Sie sind durch die Schleuse gegangen.
- Die Konversation bei Tisch sollte unbeschwert sein. Sprechen Sie nicht über das Ende der Welt oder über die Arbeit! Bauen Sie den inneren Druck ab!

Am Nachmittag

- Gewöhnen Sie sich an, alle Aufregung und Ereignisse, die Ihren Kopf beschäftigen, auf einem Blatt Papier zu notieren. Dann zerreißen Sie es und werfen es weg.

Am Abend auf dem Nachhauseweg

- Legen Sie wenn möglich zwischen Ihrem Berufs- und Privatleben eine Pause ein. Hören Sie sanfte oder belebende Musik.
- Es ist wichtig, Ihren inneren Blick auf eine andere Welt zu richten, eine Lebensform, die Ihnen sogleich ermöglicht, sich von den Anstrengungen des Tages zu lösen.

Vor dem Schlafen

- Setzen Sie sich auf die Bettkante oder legen Sie sich schon hin. Richten Sie, um sich abzuschotten, einige Minuten Ihre Aufmerksamkeit nur auf die durch die Nase ein- und ausströmende Atemluft.
- Ihre Gedanken verlieren an Bedeutung und Sie geben den Signalen des Körpers, der schlafen will, nach ...

Harmonie aus der Natur

Blumen bringen Farbe und Leben in unsere Wohnräume. Sollten Sie keinen Garten haben, können Sie sich zur Not mit Blumen aus Papier, Seide oder auch Trockenblumen behelfen. Das hat keine Bedeutung. Es ist vor allem die gute Absicht, die die Sonne in Ihr Heim trägt. Hier finden Sie Symbole, die seit Jahrhunderten mit Blumen verbunden sind! Beginnen Sie, einfache Sträuße nach folgenden Eigenschaften zu binden, dann denken Sie sich eigene Kreationen aus:

Weiße Blüten

- Reinheit, Unschuld, Freude, Trost, Eleganz.

Gelbe Blüten

- Das Glück geliebt zu werden und zu lieben.

Rote Blüten

- Mut, Energie, heftige Gefühle.

Blaue Blüten

- Reinheit und aufrichtige Freundschaft.

Rosa Blüten

- Jugend, Sanftheit und Zuneigung.

Orangefarbene Blüten

- Freude, Fröhlichkeit, Ausgewogenheit des Geistes.

Violette Blüten

- Frieden, Demut, Großzügigkeit, Respekt.

Grüne Blüten

- Freude, Hoffnung, Optimismus.

- Natürlich kann jede Ecke des Hauses eine bestimmte Botschaft vermitteln: Blumen zur Begrüßung im Eingangsbereich, ein besänftigender Strauß im Wohnzimmer usw.

- Denken Sie auch an Kräuter, Aromapflanzen und Wildblumen: Lavendel, Heide, Buchsbaum, Silberpflanze. All diese Pflanzen helfen, ein angenehmes, ländliches Ambiente zu schaffen.

- Sie können nach Belieben Kiefernzapfen und Blätter sammeln, diese mit Tonkugeln dekorieren, damit Ihre Blumengestecke authentisch wirken! Für wenig Geld finden Sie im Handel attraktive Kerzen- und Teelichthalter.

28. WOCHE Zeit für mich

Die Farben der Blumen tragen ihre Botschaft in sich. Malen Sie sie aus, jedoch mit sehr genauen Buntstiftstrichen. Folgen Sie einfach den Anweisungen und genießen Sie den Moment des innerlichen Loslösens, lassen Sie sich führen. Die Stiele bleiben grün.

- Rosa und Gelb, die Striche von unten nach oben führen.

- Unterschiedliche Farben für jedes Blütenblatt mit ansteigenden Spiralen.

- Tupfen Sie mit Lila und Weiß.

- Rot und Blau mit Bögen nach oben.

Entspannen mit Kunst

Mandala für die Alltagsflucht

◎ Malen Sie vom Dunklen zur Helligkeit. Richten Sie Ihre Aufmerksamkeit auf den Gedanken, dass Sie endlich Ihre Hülle verlassen, um eine neue Welt zu entdecken.

◎ Notieren Sie in wenigen Worten, was Sie auf diesem neuen Weg entdecken möchten:

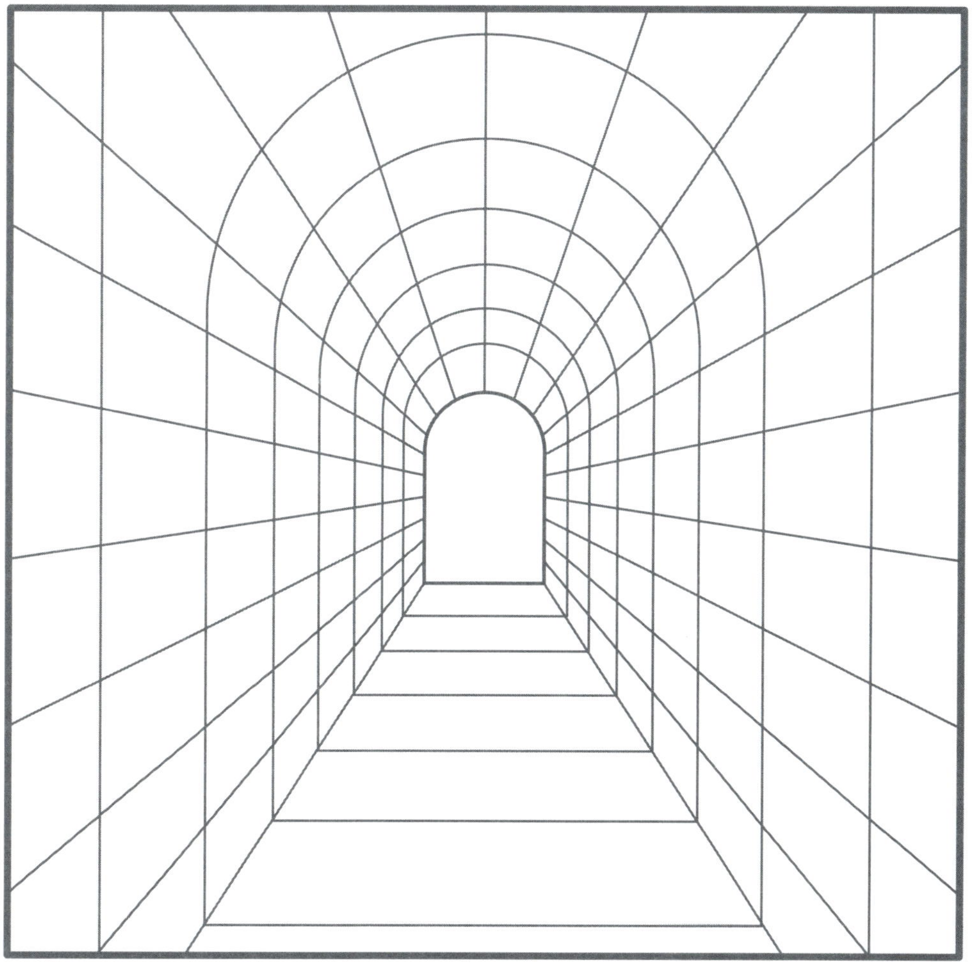

Denken Sie über diesen Satz nach:

Lasst uns angesichts der Wiedergeburt der Welt entgegnen, ebenso wie die Hefe das weiße Mehl benötigt.

Léopold Senghor

Gesundheitstipp

Sobald Sie das Bedürfnis nach einer sonnigen Stimmung verspüren, verwenden Sie Düfte, die Sie mit Sonne verbinden, wie ätherisches Rosmarinöl, wilde Bergminze oder Sandelholz.

Mein Weg zum Wohlbefinden

Es ist möglich, am Arbeitsplatz, in der Öffentlichkeit oder in der Familie zu meditieren! Natürlich handelt es sich nicht darum, sich zu setzen und innerlich zu entfliehen. Ganz im Gegenteil, Sie werden sich jeden Moment Ihres Alltags bewusst sein. Es ist ein Ausschnitt der Gegenwart, aber ohne etwas zu erwarten, ohne zu urteilen oder zu bewerten. Sie sind da, Sie nehmen auf Ihre Art teil.

Und das ist nicht so einfach! Sie werden sich der Haltung, des Profils, der An- oder Abwesenheit anderer bewusst. Sie nehmen Freude oder Traurigkeit einer Person oder eines Ortes wahr, Gerüche, unerwartete Töne oder was eine Situation vereinfachen könnte, aber psssst, Sie lassen es geschehen. Später wird Ihre neue geistige Haltung dazu führen, dass sich die Situationen verändern, aber für den Augenblick:

- Sorgen Sie dafür, dass Ihnen Ihre Haltung hilft, sich zu entspannen, indem Sie ohne jede Befangenheit in Ihrem eigenen Rhythmus atmen.

- Fixieren Sie eine Minute lang einen Punkt an der Wand, hören Sie auf Ihren Atemrhythmus, führen Sie die Übungen der Herzkohärenz durch (aus der ersten Woche) und lassen Sie sich durch nichts stören.

- Lassen Sie Ihren Blick wandern und sich dann auf einen Ort oder eine Situation richten; beobachten Sie die Details, die Atmosphäre, aber urteilen Sie nicht, geschehen lassen.

- Nehmen Sie sich die Zeit, alle nahen oder fernen Töne zu hören, richten Sie Ihre Aufmerksamkeit auf jede Farbe, jede Form der Gegenstände …

- Fühlen Sie sich als „Späher" mit dem Instinkt eines Tieres. Plötzlich können Ihnen die Gesten einer Person Informationen liefern, der Austausch von Blicken bisher unsichtbare Gefühle zeigen …

- Sie erkennen, dass die Gegenwart aus Wechselwirkungen besteht. Die Welt auf diese Weise etwas anzuhalten, lädt Sie ein, bei sich zu bleiben und eine Welle der Harmonie auszustrahlen. Ohne Urteil ermöglichen Sie auch, dass sich die Situation positiv entwickelt. Sie machen das Gesamte leichter.

MEDITIEREN BEDEUTET, SICH KENNEN ZU LERNEN, MIT SEINEN GUTEN UND AUCH SCHLECHTEN MOMENTEN. ZWISCHEN DIESEN BEIDEN ASPEKTEN ENTWICKELT SICH DIE AUSGEGLICHENHEIT …

Harmonie aus der Natur

Die Farben, die Sie tragen, zeigen, wer Sie sind oder zumindest, was Sie damit ausdrücken wollen. Das geben Sie weiter, ohne sich dessen immer bewusst zu sein:

Rot

- Dynamik und Vitalität. Wärmebedürfnis, sanguinische Farbe, was das Temperament betrifft.

Orange

- Optimismus, zu teilende Emotionen, gute Laune.

Gelb

- Entwicklung des Intellekts, des Geistigen. Kann auch eine Botschaft für Luxus und Wohlstand bedeuten.

Grün

- Wohlwollen, Bedürfnis nach Herz, Vitalität und Gleichgewicht. Tragen Sie die Farbe, wenn Sie ein Projekt planen, eine Aktivität anstoßen wollen.

Blau

- Wunsch nach Ordnung, Ruhe, Freude an Kreativität.

Violett

- Lust auf persönliche, geistige Suche, auf Arbeit mit dem Unbewussten, bestimmte Form der Strenge und Diskretion.

Grau

- Vermittelt die Botschaft einer hilfsbereiten Person, die sich mehr um andere sorgt, als um sich selbst.

Weiß

- Ist eine „Nichtfarbe", die der Person, die sie trägt, mehr Dimension verleiht. Symbol für Reinheit, Loyalität und Pflichtbewusstsein.

Schwarz

- Nimmt auf, gibt ein Gefühl der Sicherheit und begünstigt die Konzentration. Vermittelt dem Betrachter den Eindruck eines Wunsches nach Macht.

Ein Ober- und ein Unterteil, die sich nicht ergänzen, vermitteln ein unruhiges Bild von Ihnen. Zögern Sie nicht, wenn Sie eine einzige Farbe tragen, deren Schönheit mit einem Accessoire in einer Komplementärfarbe zu unterstreichen.

29. WOCHE

Zeit für mich

Zeichnen Sie auf dieses Blatt die Umrisse der Finger Ihrer Hände. Setzen Sie eine Hand, ohne das Handgelenk abzuknicken auf, jeden Finger an seinen Platz und drücken ihn auf das Blatt. Heben Sie langsam einen Finger nach dem anderen, dann setzen Sie einen nach dem anderen wieder langsam auf das Blatt. Atmen Sie ein, wenn Sie die Hand heben, atmen Sie aus, wenn Sie sie aufsetzen. Wiederholen Sie die Übung mit der anderen Hand. Richten Sie Ihre Aufmerksamkeit auf diese Gesten, lassen Sie die Gedanken schweifen, Sie werden Stress abbauen. Wiederholen Sie die Übung regelmäßig bei der Arbeit z.B. auf Ihrem Oberschenkel, wenn Sie sitzen. An den Fingerspitzen befinden sich Reflexzonen, die sich auf das Wohlbefinden des Gehirns auswirken, genießen Sie also in aller Ruhe ...

Entspannen mit Kunst

Mandala des Ausdrucks

◎ Zeichnen Sie den Regen, der aus Wolken kommt, zunächst mit langen Strichen, dann auch mit punktierten Linien. Stellen Sie sich vor, dass Ihre Traurigkeit so fortgespült wird. Füllen Sie am Ende den See mit Strichen Ihres persönlichen Stifts aus.

◎ Notieren Sie in wenigen Worten Begriffe der Traurigkeit, die Ihnen gegenwärtig sind:

Denken Sie über diesen Satz nach:

Wenn Freude vergänglich ist, ist es auch der Schmerz.

Marcel Proust

Gesundheitstipp

Legen Sie beim Anfertigen Ihrer Zeichnung Pausen ein. Kneten Sie Ihren Anti-Stress-Ball zunächst mit der einen, dann mit der anderen Hand.

Mein Weg zum Wohlbefinden

Am Morgen

◎ Sie beschließen, gut gelaunt zu sein! Dafür werden Sie mehrere Wörter wählen, die man mit guter Laune verbindet: Frühling, Sonne, Freude, Lächeln, Vorname einer Person, Name eines Gegenstandes usw.

◎ Das Ziel ist einfach: Nehmen Sie sich vor, diese Wörter in Ihren beruflichen und persönlichen Gesprächen im Laufe des Tages zu verwenden.

◎ Die Wörter müssen beiläufig eingeflochten werden, daher muss eine mental konstruktive Anstrengung unternommen werden, damit dies auf positive Weise gelingt.

◎ Wenn Sie das regelmäßig machen, investieren Sie in Ihre Kommunikation ein wenig von sich selbst mit der Absicht, etwas Sonne und gute Laune zu teilen.

◎ Es ist ein Weg, eine positive Kraftreserve bewusst aufzubauen, aus der Sie schöpfen können, wenn der Alltag erhöhte Anforderungen an Sie stellt. Diese Verbindung wird also durch persönliche, gezielte Investition geschaffen.

◎ Sie können auch andere Themen (Respekt, Teilen usw.) wählen.

Mittags

◎ Sie beschließen bestimmte Themen zu überspringen, das kann die Familie, die Arbeit oder Schwierigkeiten überhaupt sein ...

◎ Das Prinzip besteht darin, eine mentale, bewusste Pause einzulegen! Sie müssen lernen, die Gedanken, die Sie quälen und schließlich mental erschöpfen, gut zu neutralisieren.

Am Abend

◎ Wählen Sie immer dieselbe Einschlafzeit. Bedenken Sie, dass wenn Sie „den Sandmann verpassen“, den richtigen Moment, wenn Ihre Augen müde werden, benötigen Sie zwei weitere Stunden, bevor Sie natürlich einschlafen.

◎ Daher ist es besser, auf die Sprache des Körpers zu hören, der Ihnen das Bedürfnis der Erholung signalisiert, anstatt später mithilfe von Mitteln, die nicht nötig sind, Schlaf zu finden!

◎ Auf die Signale des Körpers zu achten, ist der wesentlichste Punkt beim Einschlafen.

Die Atmung ist das direkteste Mittel, das Nervensystem zu stimulieren. Man vergisst allzu oft, dass die richtige Atmung der Schlüssel zur Gesundheit sein kann. Daher ist es wichtig, regelmäßig auf seine Atmung zu achten, um diese, falls nötig, korrigieren zu können.

Harmonie durch Ruhe

Der Morgen

◎ Planen Sie das sanfte Aufwachen am Vorabend! Beginnen Sie mit einem leichten Abendessen ohne übermäßig tierischem Eiweiß und Getreide. So muss Ihr Körper für die Verdauung nicht zu viel arbeiten.

◎ Beim Aufwachen sollten Sie ein leichtes Hungergefühl verspüren! Sie sollten Lust haben, sich mit einem Frühstück zu verwöhnen, mit etwas, das Sie mögen und nicht was Sie denken essen zu müssen.

◎ Bereiten Sie dafür am Vortag ein Tablett vor, so vermeiden Sie auch Geschirrklappern und Türenschlagen in der Küche!

◎ Am Vorabend haben Sie sich eine Wasserflasche und ein Glas auf das Nachtschränkchen gestellt, um bereits beim Aufwachen Ihren Wasserhaushalt auszugleichen.

◎ Am Frühstücksplatz sollten Sie sanftes Licht verwenden und keine Halogenlampen oder alte, deprimierende Neonröhren.

◎ Sie sollten sich eine stimmungsvolle Lampe im Stil eines „Lichtweckers“ kaufen, mit der Sie sanft aufwachen. Respektieren Sie Ihre Vorstellungen (auch auf die Gefahr hin, dass Sie ihnen eine Ecke in einem Zimmer einrichten).

◎ Wenn Sie einen CD-Radiowecker besitzen, wählen Sie Töne der Natur und sanfte Musik, um mit einer angenehmen Welt wieder in Kontakt zu treten. Falls Sie einen Radiowecker besitzen, sollten Sie Nachrichtensender vermeiden. Oder lassen Sie sich um 7:03 Uhr anstatt genau um 7:00 Uhr wecken!

◎ Wachen Sie fünf Minuten vor dem Aufstehen auf, damit Sie Zeit haben sich zu strecken, um den Blutkreislauf in Gang zu bringen. Sie sollten vor allem nicht aus dem Bett springen, um Muskelschmerzen zu vermeiden!

Am Abend

◎ Richten Sie sich eine Ruheecke mit einem Sofa und Kissen ein, in der Sie zwischendurch zur Entspannung die Beine hochlegen können: So bauen Sie Verspannungen ab und fördern die Blutzirkulation.

◎ Bestehen Sie auf diesem Moment der Entspannung Ihrem Umfeld gegenüber. Papa oder Mama brauchen diesen Moment, um besser in Form zu sein, Schluss! Das Haus wird ohne Sie während dieser zehn Minuten des Wohlbefindens nicht einstürzen. Das ist Ihr Moment!

ACHTSAMKEIT BEZÜGLICH IHRER EINSCHLAF- UND AUFWACHPHASEN ZU ENTWICKELN, HILFT IHNEN, SICH DEN GANZEN TAG ÜBER POSITIV ZU FÜHLEN.

30. WOCHE

Zeit für mich

Planen Sie am Vorabend für den Folgetag ein Anti-Stress-Programm. Scannen Sie dieses Blatt und verwenden Sie es, um verschiedene Programme für fünf Tage zu erstellen (für den Anfang). Verwenden Sie die Ereignisse des Tages, um den morgigen Tag zu berichtigen und zu verbessern. Sie können diese Art der Planung auch verwenden, wenn Sie schwierige Situationen auf sich zukommen sehen oder ganz einfach, um zu vermeiden überrannt oder überlastet zu werden.

DATUM __ / __ / __

Morgen

Nachmittag

Beispiele positiver Wörter:

- *Entspannungspause*
- *Hydration*
- *Atmung*
- *Selbstmassage*
- *Bewegung ...*

Abend

Entspannen mit Kunst

Sich an schöne Dinge erinnern

◎ Schreiben Sie in die Blätter dieses Baumes die Namen von positiven Ereignissen, die Sie schon erlebt haben, und was diese Erfahrungen Ihnen an Befriedigung (siehe unten) gebracht haben. Malen Sie anschließend das Laub nach Belieben an.

Denken Sie über diesen Satz nach:

Fürchte dich nicht, langsam zu gehen, fürchte nur den Stillstand.

Chinesisches Sprichwort

Gesundheitstipp

Nehmen Sie sich einmal täglich die Zeit, vor Ihrem inneren Auge oder bei einem Spaziergang sich ein natürliches Element vorzustellen, dessen Symbolik oder Schönheit Ihnen Trost verschafft. Verankern Sie diese lebendige Stütze in Ihrem geheimen Garten!

◎ Notieren Sie mit wenigen Worten, welche Art der Befriedigung Ihnen diese Erfahrung gebracht hat:

Mein Weg zum Wohlbefinden

Diese drei Aktivitäten verbinden die Abschnitte Ihres Tages: Morgen, Nachmittag und Abend. Wiederholen Sie sie bewusst und achten Sie auf die damit bei Ihnen erzielte Wirkung. Absolvieren Sie so viele Übungen, wie Sie möchten. Es genügt, sich auf einen ganz persönlichen Schwerpunkt einzulassen.

1 Ziehen Sie an der Haut um die Ohren. Verwenden Sie hierfür Ihren Daumen und Zeigefinger wie eine Zange. Es ist wichtig zu fühlen, wie das Ohr gestreckt wird und es sich unter der Haut bewegt!

- Machen Sie das sehr langsam und ziehen Sie besonders an den Ohrläppchen.

- In diesem weichen Teil finden sich Nervenenden und kleine Reflexpunkte, die u. a. mit der Sehkraft und den Abwehrkräften verbunden sind. Bei Halsschmerzen oder einer aufkommenden Angina drücken Sie diese Punkte.

2 Im Stehen die Beine leicht auseinander, Arme am Körper entlang, legen Sie langsam Ihren Kopf nach hinten, fühlen Sie Ihren Nacken sich biegen, nehmen sich die Zeit, die Bewegung jedes einzelnen Wirbels nachzuempfinden. Sie dehnen die Lendenwirbel, Ihr Hals spannt sich.

- Bewegen Sie Ihren Kopf nach vorne, Sie werden ganz oben am Rücken langsam eine Anspannung fühlen, schließlich auch im Nacken.

- Richten Sie sich sehr langsam auf.

- Heben und senken Sie zum Abschluss jede Schulter mehrfach und massieren Sie die Schlüsselbeine.

3 Strecken Sie im Stehen Ihre Arme nach vorne aus, beugen Sie leicht die Knie und atmen Sie aus, richten Sie sich wieder auf und atmen Sie ein.

- Es ist wichtig, dass Sie die ganze Bewegung verfolgen.

SIE WERDEN DEM BIORHYTHMUS UND DER BALANCE VON EMOTIONEN UND DENKEN IM ALLTAG GERECHT.

Harmonie durch Musik

Die Musiktherapie verwendet Tonfrequenzen, um Emotionen zu beeinflussen, zur Bewusstseinserweiterung und für die Veränderlichkeit der geistigen Verfassung, wie wenn Sauerstoff von Musiknoten beseelt würde. Hier finden Sie erste Tipps, um Schritt für Schritt eine CD-Sammlung aufzubauen. Fördern Sie das Musikhören durch einen Raum, der speziell für diesen Genuss bestimmt ist. Vergegenwärtigen Sie, dass Sie wissen, was musikalisch gut für Sie ist!

Hören Sie zunächst ein Musikstück, das Ihren momentanen Zustand besänftigt. Zum Beispiel, wenn Sie gestresst sind, wählen Sie eine Musik, die für Sie einen Raum öffnet: als ob Sie von einer Einengung, einer Abkapselung zu einer weiten Öffnung nach außen gelangen.

Die nervöse Überreizung

- Gegen eine Verwirrung, bei der Sie vollkommen von dem, was Sie umgibt, irritiert werden, wählen Sie eine Musik, mit der Sie zu Ihrer Mitte zurückfinden. Eine Musik mit wenigen Instrumenten (Klavier, Harfe, Gesang, Gitarre) wirkt klärend und lässt Sie zum Wesentlichen zurückkehren.

Die Traurigkeit

- Sie soll nicht gedämpft werden, sondern soll durch das Positive vergehen können.
- Wählen Sie Melodien, die sich nicht wiederholen, von überdurchschnittlicher Länge, mit Instrumenten, die Sie berühren.
- Dann enden Sie mit einem lebendigen Titel, zum Beispiel aus der Kategorie Weltmusik oder was Ihnen sonst gefällt.

Der Mangel an Positivität

- Durch einen Titel, der in regelmäßigem Rhythmus beginnt und Sie nach und nach dazu bringt, sich zu bewegen. Ihr Körper sollte sich von der Bewegung mitreißen lassen! Sie fühlen sich gut.

Wut

- Auch die Wut soll vergehen und nicht blockiert werden.
- Für die einen Sinfonien, für andere markante Rhythmen; das, was Sie hören, soll auch von Ihren Gesten begleitet werden, die Sie befreien!

Verwenden Sie für das Musikhören idealerweise Dreiwegeboxen (Bass, Mitten, Höhen). Stellen Sie, wenn möglich, eine Box auf beiden Seiten Ihres Körpers auf, der Equalizer ermöglicht die individuelle Einstellung des Klangs für jedes Musikstück.

31. WOCHE

Der wechselseitige Austausch

Körperliche Anstrengung im richtigen Verhältnis ist für den Stressabbau ideal. Im solidarischen Bereich wird es umso interessanter, wenn sich Leute zusammenfinden, die gemeinsam im allgemeinen Interesse handeln. Hier finden Sie eine Aktivität, die im Wald stattfindet und diesen von möglichen Wachstumsbremsen erleichtern soll. Sie sind der Moderator, der die durchzuführenden Arbeiten plant und einteilt.

- Im Frühling, im Sommer und im Herbst gelingt es dem Wald nicht immer, zu sondieren, was sein Wachstum behindert. Bilden Sie eine motivierte Gruppe und bitten Sie jeden, Handschuhe und Kleidung zu tragen, die schmutzig werden kann, wenn alles feucht ist!

- Bestimmen Sie einen Aktionsbereich und einen Ort, wo jeder die Früchte seiner Arbeit ablegen kann.

- Manche werden die Bäume von leicht zugänglichen, dürren Ästen befreien. All dieses dürre Holz „beraubt" den Baum seiner Energie. Manchmal wird es ganze Bäume kleineren Wuchses geben, die gefällt werden müssen! Manchmal werden Sie zu dritt an einem Baum arbeiten!

- Entfernen Sie die Winden, die sich gerne ausbreiten und Sträucher, manchmal sogar ganze Bäume ersticken können. Versuchen Sie zumindest, sie abzulösen, besser noch sie mitsamt der Wurzel auszureißen. Eine schweißtreibende Angelegenheit!

- Richten Sie Sträucher, die vom Wind auf andere Sträucher gefallen sind, wieder auf, damit sie diese nicht am Wachstum hindern.

- Entfernen Sie rund um die Bäume die vom Wind hergewehten Blätter, damit sie junge Triebe nicht ersticken.

- Entfernen Sie Blätter und totes Astwerk aus den Tümpeln, aus denen Tiere trinken.

- Reinigen Sie die Flüsse von Unrat, dürren Ästen und Blättern, die sich ansammeln, einen „Staudamm" bilden und das Wasser umleiten, das dann die Ufer überschwemmt.

WIR SIND MIT DER NATUR VERBUNDEN. SIE ZU RESPEKTIEREN, BEDEUTET AUCH AUF UNSER EIGENES WOHLBEFINDEN ZU ACHTEN.

Wechselseitige Kreativität

Einen blühenden Garten für alle anzubieten, ist bereits eine sehr dynamische Aktivität. In einem Stadtviertel, auf einem gemeinsamen Grundstück, auf Balkonen oder Gebäudedächern packen alle mit demselben Ziel an. Wenn einige Einwohner beschließen, Gärtchen anzulegen, profitiert jeder Passant von den Farben und Düften an einem Ort, wo es vorher nichts gab.

- Als Moderator eröffnen Sie einen Blog oder nutzen die Mund-zu-Mund-Werbung, um diese Aktivität anzubieten und die Arbeitsetappen zu organisieren.

- Bitten Sie alle alte Pflanzkästen mitzubringen, die Sie bemalen können oder Recycling-Material, um Pflanzkästen zu bauen, wie Holzpaletten, Nägel, Sägen usw. Sammeln Sie Spaten, Gießkannen, Erde oder Komposterde, Samen und Zwiebeln. Wenn jeder etwas von zu Hause mitbringt, müssen Sie nur noch ein wenig Zeit investieren!

- Wählen Sie gemeinsam den oder die Orte aus, die Sie bearbeiten möchten: ein freies Gelände zwischen zwei Mietshäusern, ein verlassenes Grundstück, Dächer, Innenhöfe, Gehwege, Fenster …

- Jeder hat seine Aufgabe: umgraben, Kompost verteilen, aussähen, gießen …

- Dann stellen Sie einfache Verhaltensregeln auf: Wer wird das Gießen übernehmen? Erlaubt man jedem regelmäßig einen Blumenstrauß zu pflücken? Usw.

- In diesem Jahr waren Sie der Moderator. Nun muss eine andere Person ernannt werden, die dafür sorgt, eine andere solidarische Aktivität für das Folgejahr zu finden. Die Bewegung soll nicht zum Stillstand kommen!

Kollektive Kunsttherapie

In der Natur können Sie Ihre Kreativität entwickeln und ein gemeinsames Werk ist ein wichtiger Bestandteil der Kunsttherapie. Die Idee ist einfach: Schaffen Sie ein Mandala aus allem, was die Natur bietet, wie Blätter, Moos, Körner, Steine, Blütenblätter ... dann fügen Sie essbare Elemente wie Früchte, Gemüse, Kleingebäck ... hinzu.

- Sie werden ein großes Naturmandala mit ausschließlich ursprünglichen Elementen schaffen.
- Definieren Sie die umzusetzenden Ziele in der Gruppe.
- Ein Feld für die Früchte, eines für die Samen, eines für die Blätter, eines für die Blumen usw. Oder ein Feld mit Früchten, das von Blumen umrahmt wird, ein Feld Gemüse umgeben von Blättern usw.
- Setzen Sie in die Mitte einen Korb mit Leckereien.
- Finden Sie einen Ort, an dem Sie die Umrisse Ihres Naturmandalas legen können. Jeder stellt zunächst in der Mitte seinen Beitrag zu den Leckereien ab (Kuchen, Trockenobst usw.).
- Brechen Sie auf und bitten Sie jeden, an die Elemente des Mandalas zu denken: Blütenblätter, dekorative Blätter, kleine bunte Kieselsteine, Rosskastanien oder Esskastanien ...
- Anschließend trägt jeder mit seiner Kreativität etwas zu dem Mandala bei.
- Es ist die Zeit des Teilens!

DIESER „KLEINE NATÜRLICHE INPUT“ WIRD IHR MENTALES BEFINDEN IM ALLTAG POSITIV BEEINFLUSSEN.

Zeit für mich

Humor und liebevoller Spott ermöglichen Ihnen, Abstand zu gewinnen und nicht in Wut oder eine exzessive Stimmung zu geraten. Abstand zu gewinnen, ermöglicht es Ihnen, die Gegenwart besser zu verstehen und so nicht von ihren Auswirkungen überrannt zu werden.

◎ Hier finden Sie eine Sammlung einfach nachzubildender Ausdrücke. Nehmen Sie ein weißes Blatt und reagieren Sie sich ab, indem Sie diese Gesichter zeichnen. Fügen Sie noch Ohren, Haare usw. hinzu und darunter die Charakterzüge, das Verhalten, befreiende Sätze … Nutzen Sie dies, um sich vom Ursprung Ihres Stresses zu lösen. Nehmen Sie sich ein Beispiel an den Menschen, die Sie umgeben und denen Sie etwas mitteilen wollen!

◎ Beginnen Sie so oft Sie wollen von vorne und zerreißen Sie das Blatt am Ende, um die Gedanken aus Ihrem Kopf zu vertreiben.

Entspannen mit Kunst

Mandala zum Ausmalen

◎ Beginnen Sie in der Mitte, malen Sie mit warmen Farben (Rot, Orange, Gelb) und gehen dann nach außen zu den kalten Farben (Grün, Blau, Violett) über.

◎ Notieren Sie, was die verschiedenen Rhythmen der Jahreszeiten emotional für Sie bedeuten:

Denken Sie über diesen Satz nach:

Man sagt, die Zeit würde Dinge ändern, aber eigentlich vergeht sie nur und wir müssen die Dinge selbst ändern.

Andy Warhol

Gesundheitstipp

Denken Sie daran, Ihren Kiefer gut zu lockern. Wenn man sich sehr konzentrieren muss, hat man die Tendenz, unbewusst das Gesicht anzuspannen. Strecken Sie zur Entspannung Ihre Zunge heraus und lassen Sie sie kreisen.

Mein Weg zum Wohlbefinden

Bei dieser zweiten Qigong-Sitzung (erste Sitzung in der 27. Woche) liegen die Schwerpunkte auf der bewussten Atmung und dem Beherrschen der Bewegungen, das daraus resultiert.

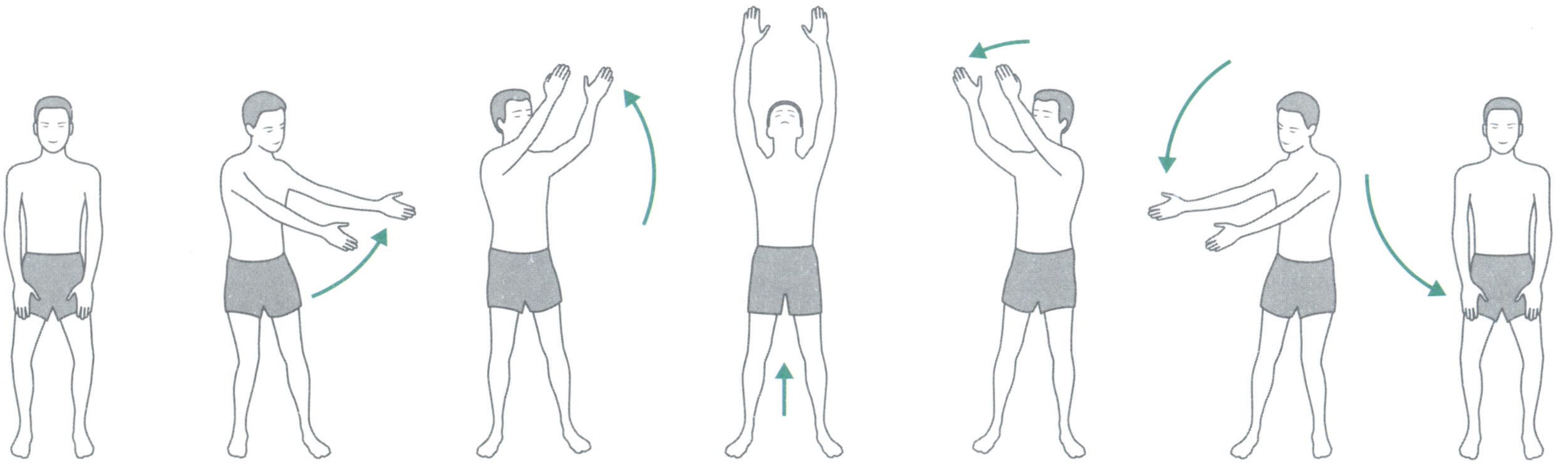

1 Lassen Sie Ihr Becken pendeln. Atmen Sie ein und spüren Sie mit Ihren Händen, dass Sie eine Energie entwickeln, die Ihren ganzen Körper einnimmt. Die Arme gehen über Ihren Kopf hinweg auf die andere Seite.

◎ In beide Richtungen dreimal durchführen.

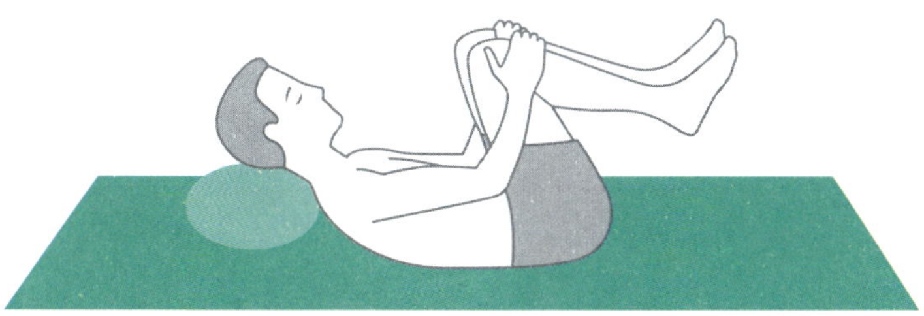

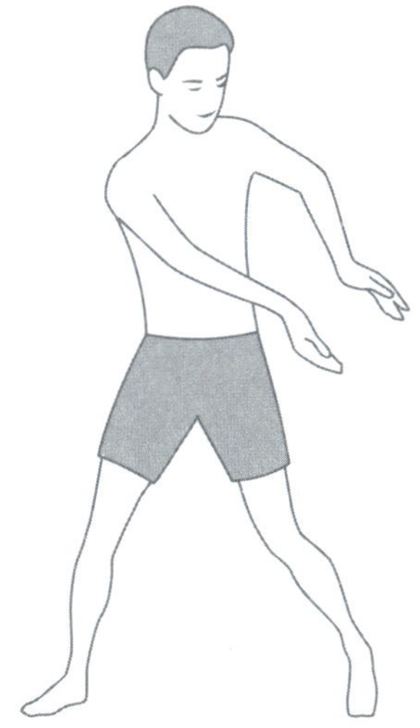

2 Legen Sie sich hin. Ziehen Sie die Knie gegen die Brust und umfassen Sie sie mit den Händen.

◎ Schaukeln Sie in dieser Position ganz natürlich vor und zurück, machen Sie Ihren Rücken rund und dehnen Sie so jeden Wirbel.

◎ Dann legen Sie Ihre Knie sanft zur rechten Seite und als Gegengewicht Ihren Kopf und die Schultern zur linken, dann die Seiten wechseln. Spüren Sie, wie Sie den oberen Teil des Rückens dehnen.

3 Legen Sie Ihre Handflächen gegeneinander. Entfernen Sie sie langsam ein paar Zentimeter voneinander und nähern Sie die Hände wieder einander an, ohne dass sie sich berühren.

◎ Stellen Sie sich vor, dass Sie eine Energiekugel zwischen Ihren beiden Händen halten, Sie können sie drehen, sie von einer Hand in die andere geben, Ihre Handflächen nähern und entfernen, gleichzeitig tanzen … Formen Sie diese Kugel mit Ihrer geistigen und körperlichen Energie.

◎ Wenn sich Ihre Hände schön warm anfühlen, geben Sie die Wärme an Ihr Gesicht und Ihren Oberkörper weiter. Sie schaffen mit Ihrer eigenen Energie Ausgeglichenheit.

Harmonie aus der Natur

Seit einigen Jahren wird Tonerde als Schönheitsmittel für den Körper und das Wohlbefinden wiederentdeckt. Hier finden Sie ein paar Tipps, wie Sie grüne Tonerde verwenden können:

Den Organismus stärken

- Tonerde enthält viele Mineralstoffe zur Stärkung des Organismus. Achten Sie darauf, nicht zu viel zu nehmen, da sie die Wirkstoffe bestimmter Arzneimittel absorbieren kann (bei Veranlagung zu Nierensteinen nicht einnehmen). Sie erleichtert jedoch auch die Darmfunktion.
- Für eine Drei-Tages-Kur rühren Sie 1 Teelöffel in 1 Glas Wasser, über Nacht stehen lassen. Trinken Sie nur das Wasser, nicht den Ton, der sich am Boden des Glases abgesetzt hat.

Kleine Verletzungen

- Bei kleinen Verletzungen kann grüne Tonerde auf Kratzer, entzündete Pickel, Ekzeme und Schnitte aufgetragen werden.

Verstauchungen

- Mischen Sie die Tonerde bei Verstauchungen, verdrehten oder schmerzenden Knien oder empfindlichen Knöcheln mit etwas Wasser. Legen Sie einen Umschlag an.
- Sie können den Brei direkt auftragen oder auf ein Stück Stoff, das die zu behandelnde Stelle bedeckt.

Bei wunden Stellen

- Grüne Tonerde ist ideal für Babys, um Entzündungen im Windelbereich vorzubeugen. Empfindliche Babyhaut kann auf das Tragen von Windeln reagieren. Die Haut wird wund.

Für die Haut

- Eine Schönheitsmaske aus grüner Tonerde regeneriert die Gesichtshaut.
- Mischen Sie 3 Esslöffel Tonerde mit 2 Esslöffeln Wasser.
- Tragen Sie den Brei auf das Gesicht auf. Sparen Sie die Augenpartie aus. Lassen Sie die Maske etwa 10 Minuten einwirken (bevor sie durchtrocknet) und nehmen Sie sie mit lauwarmem Wasser ab.
- Tragen Sie anschließend eine Feuchtigkeitscreme für Ihren Hauttyp auf.

Für die Haare

- Mischen Sie etwas Tonerde mit Wasser, damit Sie einen dickflüssigen Brei erhalten.
- Befeuchten Sie Ihre Haare und massieren Sie den Brei ein. Nicht trocknen lassen und gut ausspülen. Der überschüssige Talg ist entfernt.
- Einmal wöchentlich anzuwenden.

Zeit für mich

33. WOCHE

Gehen eignet sich hervorragend zum Stressabbau, sofern Sie es gut organisieren und auf den unterschiedlichen Rhythmus von Atmung und Bewegung achten. Sportler sind mit diesem Vorgang, der Ihnen ermöglicht, konzentriert zu bleiben und auf ihren Körper zu hören, vertraut.

Kleiden Sie sich entsprechend. Tragen Sie bequeme Schuhe, in denen Sie Halt haben. Hier finden Sie ein kurzes Programm, das Sie an das Gehen heranführt. Gehen Sie zunächst in normaler Geschwindigkeit. Dann je nach Ausdauer können Sie schneller gehen oder Übungen einbauen. Achten Sie auf Anzeichen von Kurzatmigkeit! Das 5-tägige Grundprogramm:

In der Ebene

- Beginnen Sie auf einem ebenen Stück, um das Herz an diesen fordernden Rhythmus zu gewöhnen.
- Auf einer Entfernung von bis zu 500 Metern: Atmen Sie während der ersten drei Schritte durch die Nase ein (ein Bein geht nach vorne = ein Schritt).
- Beim vierten Schritt halten Sie die Luft in den Lungen. Bei den folgenden drei Schritten atmen Sie durch die gespitzten Lippen aus. Gehen Sie die folgenden Schritte mit entleerten Lungen, dann beginnen Sie von vorne.
- Ihr Körper wird dieses System schnell übernehmen und Sie müssen im Geiste nicht mehr mitzählen. Das ist eine hervorragende Muskelstärkung.
- Nehmen Sie sich drei Minuten Zeit zur Erholung, um Ihren Herzrhythmus zu beruhigen.

Bei leichtem Anstieg

- Bei einem leicht ansteigenden Weg atmen Sie während der ersten Schritte ein. Halten Sie die Luft nicht in den Lungen zurück, atmen Sie bei den folgenden drei Schritten aus und atmen unmittelbar wieder ein.
- Dieses System den Kreislauf anzuregen wird die kardiovaskuläre Arbeit erleichtern.
- Gehen Sie fünf Tage lang zwischen 200 und 400 Metern nach dieser Anleitung.

Zur völligen Lockerung

- Beim Bedürfnis der völligen Lockerung finden Sie hier einen besonderen Rhythmus, der Ihnen helfen wird, sich von Ihren geistigen und emotionalen Spannungen zu lösen.
- Atmen Sie während der ersten vier Schritte ein, halten Sie die Luft während der zwei folgenden Schritte in den Lungen, atmen Sie während der vier folgenden Schritte aus und gehen Sie die folgenden zwei Schritte mit entleerten Lungen.
- Bestimmen Sie die richtige Strecke entsprechend Ihrem Bedürfnis, sich völlig zu lockern, ohne dabei außer Atem zu kommen. Hören Sie vorher auf!

DER RHYTHMISCHE GANG VERMITTELT IHNEN DAS BEWUSSTSEIN, IHRE ATMUNG INTENSIV EINZUSETZEN, UM IHREN ZUSTAND DES WOHLBEFINDENS ZU VERBESSERN.

Entspannen mit Kunst

Sammeln Sie heute entweder bei einem Spaziergang oder im Garten Blumen und Blätter. Oder vielleicht kaufen Sie einen Blumenstrauß. Dann ordnen Sie die Blumen als natürliches, dreidimensionales Mandala an. So können Sie je nach Größe der Blumen und Ihren eigenen Ideen einen Mandala-Strauß schaffen.

- Ordnen Sie die Blütenblätter auf einem Löschblatt an und legen ein zweites Blatt darüber. Beschweren Sie die Blätter mit einem dicken Buch.
- Nach zwei Wochen kleben Sie mit Bastelleim Ihr Mandala aus getrockneten Blütenblättern auf ein dekoratives Blatt Papier. Rahmen Sie es ein und hängen es an einem Ort auf, den Sie fröhlicher gestalten möchten (den Flur, eine vergessene Ecke).
- Das können Sie zu jeder Jahreszeit wiederholen oder wann immer Sie Lust auf natürliche Farben haben.
- Notieren Sie einige Worte über natürliche Schönheit:

. . . .

. . . .

. . . .

. . . .

. . . .

. . . .

. . . .

. . . .

. . . .

. . . .

. . . .

. . . .

. . . .

. . . .

. . . .

. . . .

. . . .

. . . .

Denken Sie über diesen Satz nach:

Die Schönheit entsteht im Auge des Menschen, dieser jedoch entsteht in der Natur.

Hubert Reeves

Gesundheitstipp

Lassen Sie Ihre Augen über die Farben der Blumen wandern, nehmen Sie den Reichtum der verschiedenen Farben auf. Ihre Sehkraft braucht diese Farbintensität, um sich zu regenerieren.

Mein Weg zum Wohlbefinden

Am Morgen

Stellen Sie eine präzise Liste konkreter Aufgaben, die zu erledigen sind, zusammen. Notieren Sie auch, was hilfreich ist und was nicht. So vermeiden Sie, sich zu verzetteln und verlieren keine kostbare Energie. Notieren Sie genau Ihren Tageswunsch in Ihrem „Heft der Wünsche".

◎ Sie sollten festhalten, was Sie im Laufe des Tages auf jeden Fall umsetzen möchten: „Heute werde ich XY sagen, dass …", „im Laufe des Tages werde ich …", „ich werde nicht bis morgen warten, um zu …".

◎ Hindernisse, die es zu überwinden gilt: Die Verdichtung der Arbeit oder zusätzliche Belastungen, die Sie von Ihren Zielen entfernen oder sie sogar vergessen lassen … Vielleicht auch den Kontakt zu lästigen Personen vermeiden, die Ihnen Energie „abziehen"!

◎ Zu definierende Unterstützung: Hier kann es sich um eine Zeitfrage handeln, was die Umsetzung eines Projekts erleichtert, da Ihre beste Zeit vielleicht am Ende des Vormittags liegt und nicht früh morgens, Hilfe von außen durch Kollegen oder Angehörige …

◎ Haben Sie Ihr Projekt umgesetzt, beglückwünschen Sie sich dazu, dass Sie es bis zum Ende durchgezogen haben.

Am Abend

◎ Es ist wichtig, zu wissen, ob es immer dieselben Hindernisse sind, die Ihre Aktivitäten ausbremsen oder dieselbe Art der Unterstützung, die gut funktioniert. Notieren Sie das auch in Ihrem „Heft der Wünsche".

◎ Anfangs wird Ihnen das anekdotisch erscheinen, aber Sie werden schnell erkennen, dass Personen, überflüssige Tatsachen, äußerliche oder persönliche Umstände eintreten können, um eine Sache zu beschleunigen oder zu hemmen.

◎ Durch Antizipieren können Sie unerwünschte Auswirkungen ausblenden und sich Wechselbeziehungen schaffen, die diese Einflüsse auf Ihre Projekte einschränken. Sie können ebenso Ihren Unterstützerkreis erweitern!

REGELMÄSSIG ÜBER IHRE ERFOLGE UND MISSERFOLGE BILANZ ZU ZIEHEN, HILFT IHNEN, EINEN EINFACHEN WEG ZU FINDEN, DER IHRE CHANCE AUF ERFOLG ENORM VERBESSERN WIRD.

Harmonie aus der Natur

Der Putzstein

- Mit ihm können Sie scheuern und spülen, Wasserhähne, Glaskeramikplatten, Arbeitsplatten reinigen, Sportschuhe und das Gitter des Holzkohlegrills putzen.

- Bereiten Sie einen größeren Behälter mit Schraubdeckel und einen Spatel vor und vermischen Sie nacheinander: 50 g weißes Tonpulver, 25 g flüssige Bio-Seife, rühren Sie das Gemisch gut und fügen Sie dann 30 g Natron und 30 Tropfen ätherisches Zitronenöl hinzu.

- Geben Sie die Masse in einen Behälter und lassen Sie sie zwei Wochen durchtrocknen. Verschließen Sie den Behälter nicht.

- Verwenden Sie das Putzmittel mit einem angefeuchteten Schwamm. Verschließen Sie den Behälter wieder.

Für Fußböden, WCs, Badewannen

- Mischen Sie 2 Esslöffel Natron mit 2 Litern heißem Wasser. Fügen Sie 1 Glas weißen Essig und 5 Tropfen ätherisches Zitronenöl hinzu.

- Vor Verwendung gut schütteln.

- Verdünnen Sie etwas davon in einem Eimer mit lauwarmen Wasser für die Reinigung von großen Flächen wie dem Fliesenspiegel im Bad.

Geschirrspülmittel

- Füllen Sie eine Plastikflasche mit weißem Essig, fügen 2 Esslöffel Kristallsoda und 3 Tropfen ätherisches Zitronenöl hinzu.

- Es entwickelt sich ein natürliches Brodeln. Warten Sie, bis es vorbei ist, und schließen Sie die Plastikflasche.

Flüssiges Waschmittel für die Waschmaschine

- Kochen Sie 3 Liter Wasser, fügen Sie 150 g Marseiller Seife in Plättchen, 1 Glas Kristallsoda und 1 Teelöffel Teebaumöl hinzu.

- Eine Verschlusskappe dieser Mischung genügt für eine Wäsche.

- Weichspüler: ½ Glas weißen Essig und 3 Tropfen ätherisches Zitronen- oder Lavendelöl.

Zeit für mich

Der vollständige Weg einer Anti-Stress-Selbstmassage. Sicherlich kennen Sie bereits die Reflexzonen, hier handelt es sich um verschiedene Druckpunkte, die Ihnen helfen das Nervenkostüm zu stärken.

1 Das Sonnengeflecht bindet die Nervosität der anderen und reduziert Ihre eigene. Es liegt zwischen dem Brustbein und dem Nabel und fasst alle Nerven zusammen. Legen Sie den Zeige- und den Mittelfinger darauf, drücken Sie leicht und massieren mit den Fingerspitzen. Atmen Sie langsam aus, beim Loslassen einatmen. Führen Sie die Übung siebenmal durch. Dann halten Sie den Druck der Fingerspitzen drei Atemzüge lang. Beenden Sie die Übung mit kreisenden Massagebewegungen.

2 Legen Sie mit geradem Rücken Ihre Hände auf den Nacken, wo sich auch Ihre mentale Anspannung konzentriert. Neigen Sie den Nacken, klimpern Sie mit den Fingern auf beiden Seiten der Wirbel. Drücken Sie dabei auf die Muskeln. Arbeiten Sie sich bis an die Spitze des Schädels vor und gehen Sie mehrmals wieder hinunter.

3 Massieren Sie die Körperlinie, die vom Brustbein zum Halsansatz verläuft, mit den Fingerspitzen einer Hand.

4 Schließen Sie Ihre rechte Faust, massieren Sie mit den Fingergliedern die Mitte der Handfläche der anderen Hand, dann wechseln Sie die Hände.

5 Nehmen Sie sich Zeit, mit den Fingergliedern der geschlossenen Fäuste die Oberseite Ihrer Schenkel und dann Ihre Waden zu massieren.

6 Beugen Sie im Sitzen ein Bein, um Ihren Fuß zu fassen, genauer gesagt Ihr Fußgewölbe, dann legen Sie den Knöchel auf das Knie. Massieren Sie mit der Faust das Gewölbe, gehen Sie von der Ferse zu den Zehenspitzen und kehren Sie zur Ferse zurück. Massieren Sie den anderen Fuß ebenso.

LÄSST SICH ZU JEDER TAGESZEIT DURCHFÜHREN UND WIRKT STIMMUNGSAUSGLEICHEND.

Entspannen mit Kunst

Ausmalen

- Malen Sie jedes dieser Mandalas mit nur drei Farben (Ihrer Wahl) aus.

- Schreiben Sie ein paar Worte über Ihre Farbwahl und Zusammenstellung:

Gesundheitstipp

Legen Sie Ihre Handflächen auf Ihre Wangen, schließen Sie die Augen. Intonieren Sie „Mmm", sodass Ihr geschlossener Mund vibriert. Fühlen Sie Ihr ganzes Gesicht vibrieren bis hin zu den Schädelknochen. Sie werden sich entspannen.

Denken Sie über diesen Satz nach:

Ein fallender Baum macht mehr Lärm als ein ganzer Wald, der wächst.

Sprichwort der Touareg

Mein Weg zum Wohlbefinden

Ein Meditationstag! Einige Minuten in Schlüsselmomenten des Tages, eine regelmäßige Wiederholung und Sie werden sehr schnell aus Ihrem augenblicklichen Zustand heraus handeln und reagieren können. Finden Sie Ihr Zentrum, selbst wenn es einmal nicht leicht sein sollte.

Am Morgen

- Fixieren Sie im Sitzen oder Stehen einen tiefer gelegenen Punkt vor sich. Nehmen Sie diesen Punkt zu Hilfe, um Ihre Aufmerksamkeit auf Ihre Atmung zu richten.

- Wenn Sie ein Gedanke stört, sagen Sie sich im Geiste „Auf Wiedersehen", wie ein mentaler Reflex, und Sie finden Ihr Zentrum wieder, indem Sie Ihren Blick auf den Boden richten und sehr langsam ausatmen. Machen Sie weiter.

- Versuchen Sie es anfangs fünf Minuten lang.

Mittags

- Nutzen Sie Ihre Mittagspause, um zu meditieren. Behelfen Sie sich dieses Mal mit einer Vorstellung von Stabilität und Raum.

- Sie können sich mit einem Baum identifizieren, dessen Wurzeln tief in der Erde sind und die Zweige den Himmel berühren.

- Es ist wichtig, dass Sie sich, mit geschlossenen oder geöffneten Augen, wie es Ihnen besser hilft, in Ihrem eigenen Körper präsent fühlen. Sie spüren Ihre Wurzeln, das Gefühl der Sanftheit des Windes, der Sonne auf Ihrer Rinde … Sie fühlen sich ruhig und ausgeglichen …

- Manche ziehen es vielleicht vor, ein Bild auf der Grundlage eines Fotos zu entwerfen, auf dem z. B. ein Fels in einem Sturm zu sehen ist.

- Nehmen Sie diese Meditation zur Hilfe, um auf harmonische Weise ein Fenster zu sich selbst zu öffnen.

Im Laufe des Abends

- Schenken Sie, im Sitzen oder Liegen, Ihre Aufmerksamkeit den Dingen, die Sie umgeben: die Farben, die Geräusche, die Familie, die sich unterhält. Nehmen Sie jedoch an nichts Teil. Sie haben einen wohlwollenden Abstand. Sie sind nicht abwesend, bleiben jedoch wieder in Ihrem Zentrum, als Beobachter, ohne zu urteilen.

- So bleiben Sie gelassen und lernen, Ihre Energie nicht zu verschwenden.

IN SCHLÜSSELMOMENTEN DES TAGES ÜBERNIMMT DIE MEDITATION DIE ROLLE DES GEISTIGEN UND EMOTIONALEN AUSGLEICHS.

Harmonie aus der Natur

Hier finden Sie einen kleinen „Erste-Hilfe-Kasten“ für sich und Ihre Familie. Diese kostengünstige Naturapotheke hat sich schon oft, auch bei Kindern, bewährt!

Arnika

- Ideal für alle kleinen Verletzungen. Als Salbe oder in Form von homöopathischen Globuli.

Bachblüten Notfalltropfen!

- Bei innerlicher Panik oder bei großem emotionalen Schock, 4 Tropfen zwei oder dreimal täglich unter die Zunge geben.

Aktivkohle

- Wenn möglich in Pulverform. Bei Blähungen oder Nahrungsmittelvergiftung 1 Teelöffel in Wasser einnehmen (spezieller Geschmack!). Achtung, sie absorbiert Vitamine und Minerale.

Pampelmusenkerne

- Wirken sich vorbeugend und heilend auf den Darm aus und stärken die Abwehrkräfte. 3 Tropfen eines Auszugs von Grapefruitkernen in ½ Liter Wasser.

Pfefferminzstick

- Wird in Form eines Stifts, wie ein Lippenstift, angeboten. Er wird bei extremer Wärme auf die Schläfen aufgetragen, bringt rasch Frische und entlastet den Kopf.

Bio-Apfelessig

- 2 Teelöffel in 1 Liter Wasser können als effektives Antioxidans verwendet werden.

Nux vomica 15 CH

- Wirkt vorbeugend und heilend bei dem Genuss von reichhaltigen und fetten Mahlzeiten und Alkohol mit Sulfiten!

Baldrianwurzel

- Als Aufguss, um das Einschlafen zu begünstigen. Eine halbe Zitrone für den Geschmack hinzufügen.

Johanniskraut

- Als Kräutertee, um Depressionen zu mildern und das überhitzte Gemüt zu besänftigen.

Kirschstiele

- Als Kräutertee wirken sie blutreinigend und entschlackend.

Bärlauch

- Die frische Pflanze zum Schutz des kardiovaskulären Systems. Fügen Sie Weißdorn hinzu, um die Sommerhitze besser zu ertragen.

Rote Weinrebe, Rosskastanie

- In Trinkampullen erhältlich, um den Blutkreislauf zu stützen, bringt bei schweren Beinen Entlastung.

Grüne Tonerde

- In Pulverform mit Wasser verdünnen, für Breiumschläge bei Verstauchungen.

Senfpflaster

- Lindert Brennen in der Brust!

Echinacea

- Der Saft des Sonnenhuts stärkt den Organismus in der kalten Jahreszeit.

Zeit für mich

Töne werden seit dem Altertum verwendet, um anzuregen oder zu beruhigen, um etwas zu verinnerlichen. Bei Stress ist es gut, sie mit Bewegungen zu begleiten. Das wird Ihnen helfen, in Ihr Zentrum zurückzukehren, damit Sie in sich hineinhören können, weg von den Versuchungen, die auf Sie lauern.

Diese musiktherapeutische Sitzung wird möglichst im Sitzen durchgeführt:

- Die Augen geschlossen, massieren Sie mit den Fingerspitzen Ihre Schläfen, sie sagen langsam in Geiste die folgenden Töne: A-O-U-E-I und beenden mit dem Ton „Mmm" lang gezogen, als ob er sich in einer Grotte ausbreite.

- Stellen Sie sich spielerisch vor, wie dieser Ton sich dreht, weitergeht und um Ihren Kopf geht, dass er die Macht hat, Ihre Hirnströme zu beruhigen.

- Verlängern Sie den Ton „Mmm", der Ihnen so guttut, wie Sie es sich wünschen. Er ist wie eine Salbe, die vermag Sie zu beruhigen, Ihre mentale und emotionale Spannung zu verringern.

- Das Wiegenlied: Fahren Sie dieses Mal mit geöffnetem Mund fort, die Stimme ziemlich tief, um das ganze Gesicht zum Mitschwingen zu bringen. Versuchen Sie nicht, musikalisch korrekt zu sein, Sie drücken sich einfach aus und lassen Ihren Körper ohne mentale Kontrolle handeln, Ton für Ton.

- Sie werden in eine Schwingung geraten, sich zu den Seiten wiegen oder vielleicht etwas nach vorne. Natürlich sucht sich der Körper die Frequenz des Wiegens, die einen etwas langsameren Herzrhythmus induziert, genauso wie kurz vor dem Einschlafen. Diese Frequenz des Wiegens hilft dem Gehirn, sich zu beruhigen, sich mit dem universellen Rhythmus zu harmonisieren …

- Dann schließen Sie die Augen. Zu einem bestimmten Zeitpunkt werden Sie selbst den Ton anhalten, Ihr Körper ist in der Stimmgabel, die Note stimmt, Sie sind gelassen. Nutzen Sie es!

- Senden Sie mental den Ton „I" aus, ziehen Sie ihn lang und lassen Sie Ihre Stimme von tief bis hoch variieren, dann von hoch nach tief, um gut geerdet zu bleiben. Sie sind in Harmonie und aufgeladen!

DIESE SITZUNG ERINNERT AN DAS MÜTTERLICH BERUHIGENDE WIEGEN UND VERMITTELT IHNEN EIN GEFÜHL DER SICHERHEIT.

Entspannen mit Kunst

Ausmalen

◎ Malen Sie diese Wellen mit allen Ihnen zur Verfügung stehenden Farben aus. Folgen Sie immer dem natürlichen Strich: nach rechts, nach links, eine Rundung usw.

◎ Beschreiben Sie in wenigen Worten, welche Wellenbewegungen welche Emotionen symbolisieren könnten, wie z.B. Liebe, Hass, Wut, Zärtlichkeit, Freundschaft, Frieden, Teilen:

Denken Sie über diesen Satz nach:

Gefühle, die unsagbar sind, weil angemessene Worte fehlen.

Victor Hugo

Gesundheitstipp

Gewöhnen Sie sich an, etwas Wasser zu trinken, bevor Sie eine Aktivität beginnen, das fördert die Konzentration und nimmt die Lust zu Knabbern. Dies gilt auch vor den Mahlzeiten. Der Magen füllt sich, die Sättigung tritt ein, das vermeidet allzu großen Appetit.

Mein Weg zum Wohlbefinden

Hier finden Sie ein einfaches Programm, das Sie täglich wiederholen können, um Ihren Körper in Form zu halten.

Am Morgen

◎ Heben Sie die Arme über den Kopf und atmen Sie ein, atmen Sie aus und zeichnen Sie ein großes O, indem Sie die Arme weit zur Seite öffnen und sie seitlich sinken lassen.

◎ Die Übung dreimal durchführen. Entleeren Sie bei jedem Ausatmen Ihre Lungen so gut es geht.

◎ Steigen Sie im Laufe des Vormittags mehrmals langsam die Treppen hinauf, dann auch rückwärts. Sie müssen keine zehn Stockwerke hinaufgehen! Der Sinn besteht darin, sich Ihrer Bewegungsabläufe, Ihrer Atmung und Ihrer Konzentration bewusst zu werden, um sich bei intensivem Stress auf ein einziges Ziel zu konzentrieren, ohne störende Gedanken!

Am Nachmittag

◎ Klopfen Sie im Sitzen auf die Oberseite Ihrer Schenkel mit einer konstanten Vor- und Rückwärtsbewegung. Dann die Innen- und Oberseite des Unterarms zur besseren Blutzirkulation und Körperspannung.

◎ Drehen Sie Ihre Knöchel und heben Sie dabei abwechselnd die Fußspitzen und die Fersen, um die Fußwölbung geschmeidig zu halten und hopp, los gehts.

◎ Gehen Sie am Ende des Nachmittags, kurz bevor Sie Ihren Arbeitsplatz verlassen, durch die Schleuse zwischen Berufs- und Privatleben. Legen Sie den Kopf in die Hände und massieren Sie Ihr Gesicht.

Am Abend

◎ Setzen Sie die Gesichtsmassage fort, um jede Falte der Anspannung des Arbeitstages gut zu glätten.

DEN STOFFWECHSEL ANREGEN UND REGULIEREN ZU KÖNNEN, IST EIN WICHTIGER SCHLÜSSEL, UM SICH MIT SICH SELBST IN HARMONIE ZU FÜHLEN.

Harmonie aus der Natur

Hier finden Sie ein paar einfache Rezeptideen, die das ganze Jahr über schmecken. Sie können die Rezepte natürlich variieren:

Vorspeise

- Ziegenkäse, Rucola, Honig, denen Sie kleine Tomaten hinzufügen können, frische Gurke, schwarze Oliven ...

Vollwertiger Salat

- Quinoa, Rote Bete, Comté-Käse, Rucolasprossen.
- Salat der Saison, grüne Linsen, geraspelte Karotten, geraspelter Rotkohl, geräucherter Lachs, Zitrone.
- Thunfisch, Champignons, Sprossen, Salat der Saison.

Rezept für Gemüsebratlinge

- Reiben Sie zwei Zucchini. Mit einer in dünne Ringe geschnittenen Zwiebel, zwei gehackten Knoblauchzehen, Oregano und Petersilie mischen.
- Verrühren Sie in einer zweiten Schüssel zwei Eier mit 2 Esslöffeln Milch, dann 75 g Mehl unterrühren.
- Mischen Sie die beiden Massen zusammen, rollen Sie kleine Bratlinge mit der Hand und dünsten Sie sie in etwas Olivenöl. Heiß servieren!

Rezept für Sellerie-Fritten

- Schälen Sie eine Sellerieknolle, dann schneiden Sie sie in Stäbchen.
- Waschen, dann die Stäbchen sorgfältig abtrocknen.
- Legen Sie sie in eine Salatschüssel, fügen Olivenöl hinzu; durchmischen und auf dem Backblech verteilen. Im Backofen bei 200 °C 10 Minuten backen.

Rezept für Jakobsmuscheln

- Dünsten Sie klein geschnittenen Lauch 15 bis 20 Minuten in Butter.
- Dünsten Sie die Muscheln oder die Jakobsmuscheln mit einer Schalotte in einem gesonderten Topf. Alles mischen und servieren!

Rezept für Aprikosen mit Honig und Lavendel

- Heizen Sie den Backofen auf 180 °C vor.
- Entsteinen Sie 500 g Aprikosen. Geben Sie sie auf den Boden einer gewölbten Schale.
- Mischen Sie 1 Esslöffel des Lavendelhonigs mit 1 Esslöffel flüssigem Süßstoff, gießen Sie die Mischung in Fäden über die Aprikosen.
- Geben Sie ein paar Butterflöckchen darüber und schieben sie für 10 bis 15 Minuten in den Ofen.
- Sobald die Aprikosen golden sind, bestreuen Sie sie mit Lavendelblüten und lassen sie noch 2 weitere Minuten backen.

Zeit für mich

Bei verbalen oder psychologischen Attacken hilft die mentale und körperliche Haltung, sich nicht destabilisieren zu lassen. Die Vorgehensweise, eine Fähigkeit zum „Geerdet Sein" zu finden, wird sich nach und nach entwickeln und zu einem Reflex werden. Ob Arbeitskollege, Kind, Schüler, Nachbar, Ehegatte ... So reagieren Sie friedlich.

Das Hauptprinzip: Der Blick

- Bei einem Gesprächspartner, der heftig mit Ihnen spricht, hören Sie zu, ohne auf seinen Blick einzugehen. Ihr Blick richtet sich auf einen Punkt zwischen den Augenbrauen.

- So wird die andere Person zwar Ihre Aufmerksamkeit spüren, aber nicht Ihre eigene Energie mit der Energie ihres Blickes, die nach Ihrer Aufmerksamkeit sucht, überlagern. Die Augen sind eine offene Tür auf das innere Energiefeld eines Menschen.

- Sie können diesen Punkt mit Ihrem Blick verlassen, zur Nasenspitze des Gesprächspartners gehen und wieder zurück, um Ihre Augen zu entspannen.

Die Atmung

- Wenn Sie sich am Sonnengeflecht getroffen fühlen, können Sie den Weg zunächst versperren, indem Sie Ihre Arme kreuzen.

- Dann atmen Sie mit überkreuzten Armen mehrmals durch und drücken mit zwei Fingern einer Hand auf den Plexus.

- Dann lassen Sie die Finger ein wenig kreisen, um ihn zu massieren. Sie werden ihn entspannen.

Das Wort ergreifen

- Versuchen Sie, zu antworten, wenn die Person Atem schöpft. Sie müssen während des Redeflusses oder durch die Haltung des Gesprächspartners merken, wann dieser sich wieder mit Sauerstoff versorgt.

- In diesem Moment antworten Sie oder stellen eine Gegenfrage.

- Diese Methode, die sehr offensiv erscheinen mag, unterbricht die Person in ihrer Entwicklung der Gedanken und stört ihr Angriffs-Verteidigungssystem. Sie profitieren davon!

Die geistige Haltung

- Lernen Sie, diese Agressionsfluten an sich abperlen zu lassen, wie Regen, der auf Federn fällt: Er perlt ab und erreicht Sie nicht!

MIT DIESER STRATEGIE UNTERBRECHEN SIE DIE ANGRIFFSLINIE, DIE SIE VERUNSICHERN SOLL.

Entspannen mit Kunst

Ausmalen

- Malen Sie jeden Strauß in der Farbe Ihrer Wahl an. Achten Sie darauf, von der Mitte nach außen zu malen. Vermeiden Sie jegliche Form mentaler oder emotionaler Übersättigung auch wenn Sie an reelle Lebenssituationen denken. Scannen Sie das Bild, um es so oft Sie wollen ausmalen zu können.

- Schreiben Sie einige Worte, um sich zu vergegenwärtigen, welche Erfahrungen Sie nicht mehr durchleben möchten:

. . . .

. . . .

. . . .

. . . .

. . . .

. . . .

. . . .

. . . .

. . . .

. . . .

. . . .

. . . .

. . . .

. . . .

. . . .

. . . .

. . . .

. . . .

. . . .

. . . .

. . . .

. . . .

. . . .

Denken Sie über diesen Satz nach:

Am Anfang jeder Suche ist das Anfängerglück. Am Ende steht die Bewährungsprobe des Eroberers.

Paulo Coelho

Gesundheitstipp

Die Ellenbogen auf den Schreibtisch gestützt legen Sie Ihre Hände mit Druck ineinander. Schließen Sie einen besonderen Wunsch in Ihre Hände ein, der darauf abzielt, Ihre Konflikte zu lösen. Schließen Sie die Augen, öffnen Sie dann die Hände und sehen diesen Wunsch im Universum, als ob Sie eine Taube hätten fliegen lassen.

Mein Weg zum Wohlbefinden

Am Morgen

- Unter der Dusche massieren Sie den gesamten Nacken mit einem lauwarmen Strahl.

- Dann setzen Sie die Handfläche der linken Hand oben auf den Nacken und die rechte Handfläche darunter. Halten Sie den Rücken gerade, biegen den Kopf vorsichtig nach hinten und drücken Sie mit der rechten Handfläche dagegen, so dehnen Sie den oberen Teil des Nackens leicht nach hinten.

- Die Übung dreimal durchführen und die Handflächen wechseln, die linke auf den unteren Teil des Nackens, die rechte auf den oberen.

- Biegen Sie den Kopf leicht nach vorne und heben ihn wieder. Drücken Sie mit der rechten Handfläche dagegen, Sie werden fühlen, wie der untere Teil Ihres Nackens sich dehnt. Die Übung dreimal durchführen.

Mittags

- Nehmen Sie im Sitzen oder Stehen in jede Hand ein Buch. Legen Sie die Arme über Kreuz. Atmen Sie ein und nehmen Sie dabei die Arme langsam über den Kopf. Dann lassen Sie die Arme sinken und atmen aus. Die Übung fünfmal durchführen.

- Wenn Sie in Form sind, atmen Sie aus und nehmen die Arme vor sich und atmen beim Öffnen der Arme ein.

- Beenden Sie die Übung, indem Sie jedes Knie mehrfach zum Bauch ziehen.

Im Laufe des Abends

- Legen Sie sich hin und hören eine sanfte Musik. Atmen Sie durch die Nase ein, die Handflächen legen Sie auf die Schultern, atmen Sie aus und strecken langsam Ihre Arme nach vorne. Die Übung siebenmal durchführen.

- Ziehen Sie ein Knie zu Ihrem Bauch, atmen Sie ein, atmen Sie aus und strecken Sie das Bein. Dann wechseln Sie die Beine. Die Übung dreimal durchführen.

- Genießen Sie die Musik, entspannen Sie sich ein paar Minuten, wie bei einer kleinen Siesta.

FÜHREN SIE DIESES PROGRAMM DURCH, SOBALD SIE SPÜREN, DASS SIE DIE SPANNUNGEN DES ALLTAGS AUF IHREN RÜCKEN „LADEN".

Harmonie aus der Natur

Hier finden Sie ein paar Grundprinzipien für gesunde Ernährung, damit Sie den auf Sie abgestimmten Nahrungsbedarf ermitteln können.

Gegen schlechtes Cholesterin: Nüsse im Salat

- Nüsse haben einen hohen Phytosteringehalt, eine Substanz, die die Aufnahme von schlechtem Cholesterin durch den Organismus verlangsamt.
- Sie können die Substanz Ihrer Ernährung ganz einfach in Form von Obst- und Gemüsesalaten der Saison hinzufügen.
- Schlechtes Cholesterin ist in Innereien, die zu viel tierische Fette haben, Käse und Eiern enthalten.

Eine entspannte Haut: Tomaten

- Sie sind reich an Karotin, ein farbiges Pigment, das in den oberen Hautschichten liegt und gegen Falten wirkt.
- Beschließen Sie das Menü mit einem Fisch in Bratfolie mit etwas Olivenöl.
- Geben Sie frischem Obst und Gemüse (Karotten, Kürbis, Mango, Aprikose) den Vorzug. Die Fasern begünstigen das Erscheinungsbild Ihrer Haut.

Zen-Ernährung: Meeresfrüchte

- Das in den Meeresfrüchten enthaltene Selen hilft gegen oxidativen Stress. Ein Mangel kann eine Winterdepression verursachen. Ausgezeichnet auch für die Herzkranzgefäße.
- Nehmen Sie daher regelmäßig Selen zu sich, auch in geringen Mengen.

Für das Gedächtnis

- Weizen, Hafer, Roggen, Sesam, Nüsse, Meeresalgen, Eier. Letztere sind reich an Acetylcholin, was die Gedächtnisleistung anregt.

Für schönes Haar: Mandeln

- Sie sind reich an Zink und Eisen, sie fördern die Spannkraft und den Haarwuchs.
- Sie können sie gut zwischendurch essen und sogar einen Topf grüne Bohnen damit aufpeppen. Rösten Sie die Mandeln in der Pfanne, bevor Sie sie unter die Bohnen mischen.

Erinnerung Stressabbau: Langsames Kauen hilft ein übererregtes Gemüt zu besänftigen – und harmonisiert das Nervensystem. Kauen Sie daher ausgiebig!

ERKENNEN SIE, DASS DIE ERNÄHRUNG AN SICH EINE FORM VON MEDIZIN IST.

Zeit für mich

37. WOCHE

Auf diese Seite werden Sie Ihr Porträt malen. Natürlich kommt es weder auf die Genauigkeit des Striches noch auf die Form an. Es geht ausschließlich darum, Sie zu sehen, wie Sie sind und das in einer Zeit, die recht unüblich ist und vielleicht gar nicht so einfach. Nehmen Sie einen Spiegel, zeichnen Sie ab, was Sie sehen. Lassen Sie Gedanken oder Eindrücke nicht die Oberhand gewinnen! Im äußersten Fall zeichnen Sie den Unbekannten, den Sie vor sich sehen!

WIEDERHOLEN SIE DIESE AKTIVITÄT. SIE WERDEN SICH BESSER KENNENLERNEN.

Entspannen mit Kunst

Ausmalen

◎ Malen Sie alle Luftballons an, dabei sollten sich zwei derselben Farbe nicht berühren. Füllen Sie die Luftballons zunächst mit punktierten Linien oder ansteigenden Spiralen.

◎ Schreiben Sie über alles, was Ihr Leben leichter macht oder, falls Sie es wünschen, was es schwerer macht!

Denken Sie über diesen Satz nach:

Mittelmäßige Kraft zeigt sich durch Gewalt, höchste Kraft durch Leichtigkeit.

Gilbert Keith Chesterton

Gesundheitstipp

Erwärmen Sie Ihre Handflächen durch Aneinanderreiben. Legen Sie Ihre rechte Handfläche auf Ihren Bauch auf Höhe der Leber, die linke auf die Milz (neben der Leber in der linken Körperhälfte). Massieren Sie diese beiden Organe durch Drehen der Handflächen erst in eine, dann in die andere Richtung. Die emotionale Entspannung ist sicher.

Mein Weg zum Wohlbefinden

Die Balance halten, um den ganzen Tag über konzentriert zu bleiben:

Am Morgen

◎ Um gut zu „landen", stellen Sie sich hin, legen Sie die Hände auf die Hüften, wie eine Ballerina. Stellen Sie die Fußwölbungen fest auf den Boden, sodass Sie ihn spüren.

◎ Atmen Sie ein und strecken Sie Ihr rechtes Bein zur Seite. Stellen Sie sich fest auf das linke Fußgewölbe. Sie können das Knie des Standbeins leicht beugen, atmen Sie aus und ziehen das rechte Bein gegen das linke.

◎ Führen Sie die Übung auf jeder Seite jeweils dreimal durch.

Mittags

◎ Eine kleine Haltungsgymnasik im Korridor zum Beispiel: Ziehen Sie am Boden eine imaginäre Linie und bemühen Sie sich, wie auf einem Balken zu gehen, einen Fuß vor den anderen setzend, zuerst vorwärts, dann rückwärts. Das sieht einfach aus, aber es erfordert für die Orientierung im Raum den genauen Einsatz zahlreicher Muskeln, die die richtige Haltung und das Gleichgewicht ermöglichen.

◎ Es ist ein Spiel der Motorik, bei dem die Konzentration wichtig ist, was Sie vom Stress ablenken wird!

Am Nachmittag

◎ Nehmen Sie die Form des Baumes an.

◎ Beginnen Sie mit einem Fuß, den Sie über dem Knie aufsetzen. Legen Sie Ihre Handflächen eng auf das Sonnengeflecht.

◎ Dann heben Sie die gestreckten Arme über den Kopf und legen die Handflächen aneinander. Fixieren Sie einen Punkt an der Wand, der Ihnen hilft, das Gleichgewicht zu halten.

◎ Führen Sie die Übung mit der anderen Seite durch.

Am Abend

◎ Die Arme sind über Kreuz, die Handflächen zeigen nach oben. Heben Sie langsam ein Knie in Hüfthöhe und stellen es zurück.

◎ Wiederholen Sie die Übung für die andere Seite, dann die ganze Übung dreimal.

DAS WOCHENENDE IST IDEAL, UM IN FORM ZU BLEIBEN!

Harmonie aus der Natur

Beleuchtung ist zu einem wichtigen Element in der Inneneinrichtung geworden. Es liegt auf der Hand, dass die Möglichkeit mit Lichtintensität spielen zu können, den visuellen Stress vermindert. Zudem können Sie durch Farben effektiv auf Ihre Stimmung einwirken, um sich zu entspannen oder zu beleben. Die Materialien, aus denen Objekte gefertigt sind, wirken sich ebenfalls aus.

Salzlampe

- Dies ist eine Lampe, die stimmungsvolles, orange- und zartrosafarbenes Licht verbreitet.

- Durch dieses angenehm sanfte Licht ist die Leuchte für Kinderzimmer besonders geeignet.

- Das Himalajasalz dieser Lampe bindet durch die warme Glühbirne Schadstoffe in der Luft (auch Zigarettenrauch), befreit von negativen Ionen, die positiv sein sollten (wie die Tannen).

- Diese Lampe können Sie aufgrund der wohltuenden Wirkung sogar am helllichten Tag verwenden.

Quarzlampe

- Sie ist ein mehr oder weniger durchsichtiger Block.

- Durch den mauvefarbenen Amethysten fällt es Ihnen leichter, in sich zu kehren.

- Mit Rosenquarz wird sie Ihre Energie mildern und mit dem Herzen verbinden.

Lampe aus Selenit

- Sie schafft Vertrauen. Mit der Optik als ausgehauener Berg ist sie sehr originell Es ist ein Berg mit einer starken Dichte!

Lampe aus Perlmutt

- Sie verbreitet Sanftheit und Edles.

- Die Lampe ist aus mehreren Elementen gearbeitet, die beim Einschalten der Lampe durchscheinen. Sie strahlt dann eine surrealistische Atmosphäre aus, in der Sie sich gut entspannen.

Benetier-Lampe

- Diese große im inneren beleuchtete Muschel ähnelt einer Skulptur.

- Wie alte Steine, ruft diese Lampe das Gefühl von Raum und Ruhe hervor und unterstützt Ihre visuelle Konzentration.

Zeit für mich

Auf diesem Blatt werden Sie als Grundlage für die Zeichnung nur Ihren Daumen benutzen. Lassen Sie sich von diesen Porträts inspirieren und zeichnen Sie mit wenigen Bleistiftstrichen verschiedene Gesichtsausdrücke. Stellen Sie Personen dar, die Sie umgeben, reagieren Sie sich ab, drücken Sie Zärtlichkeit oder Wut in den Charakterzügen aus. Lassen Sie der Fantasie freien Lauf. Bilden Sie diese Erfahrung nach Belieben auf anderen Blättern nach, verwenden Sie einfache Wasserfarbe.

MITHILFE DIESER KLEINEN KÖPFE KÖNNEN SIE SICH MENTAL AUSTOBEN!

Entspannen mit Kunst

Ausmalen

◎ Verwenden Sie zum Ausmalen dieses Bildes sanfte Farben. Geben Sie zartem Grün, Butterblumengelb und Himmelblau den Vorzug.

◎ Notieren Sie einige Sätze, die die Bedeutung des Wortes „Optimismus" symbolisieren:

Denken Sie über diesen Satz nach:

Niemand gibt euch die Freiheit, ihr glaubt daran und nehmt sie euch.

Acker Kathy

Gesundheitstipp

Legen Sie während des Ausmalens kurze Pausen ein, in denen Sie zur Entspannung jeden Finger der malenden Hand massieren.

Mein Weg zum Wohlbefinden

Hier finden Sie Yogaübungen, die Sie problemlos einmal in der Woche durchführen können. Diese Übungen lassen den Körper intensiv arbeiten und sorgen für Ihre mentale Ausgeglichenheit.

◎ Übersteigen Sie nicht Ihre Möglichkeiten, achten Sie auf die Verteilung Ihres Gewichts, die Anstrengung durch das Strecken der Muskeln, begünstigen Sie eine ruhige Atmung, nehmen Sie sich Zeit. Das ist Ihr Wohlfühlmoment!

◎ Nehmen Sie sich für jede Bewegung Zeit. Führen Sie jede Übung dreimal durch, folgen Sie der angegebenen Richtung und kehren Sie immer in die Ausgangsposition zurück, bevor Sie fortfahren.

Harmonie im Wohnambiente

Die Dekoration Ihres Hauses oder Ihrer Wohnung zu verändern, kann sich wohltuend auswirken. Verwenden Sie diese Seite, um spontan über alle Räume etwas zu notieren (auf die Gefahr hin, es Ihren Lieben erklären zu müssen!) und schreiben Sie Änderungsideen auf. Fügen Sie, falls nötig, fehlende Räume der Liste hinzu.

Flur

◎ Er verrät zum Teil, wer Sie sind und vermittelt es Ihren Besuchern!

Anmerkung: ....

....

Verbesserungsvorschlag: ....

....

....

....

Küche

◎ Sie soll gemütlich und natürlich auch praktisch sein! Trifft das wirklich zu?

Anmerkung: ....

....

Verbesserungsvorschlag: ....

....

....

....

Wohnzimmer

◎ Es soll ein Ort des Austausches und der Harmonie sein. Ist das berücksichtigt?

Anmerkung: ....

....

Verbesserungsvorschlag: ....

....

....

....

Badezimmer

◎ Es ist in erster Linie ein Raum des Wohlbefindens und der Entspannung. Trifft das wirklich zu?

Anmerkung: ....

....

Verbesserungsvorschlag: ....

....

....

....

Schlafzimmer

◎ Es ist der Ort des Einschlafens und des Wohlbefindens. Trifft das zu?

Anmerkung: ....

....

Verbesserungsvorschlag: ....

....

....

....

Toilette

◎ Das ist der Ort der Intimität und Ruhe. Trifft das wirklich zu?

Anmerkung: ....

....

Verbesserungsvorschlag: ....

....

....

....

Zeit für mich

Schreibwerkstatt: Eine Seite mit persönlich inspirierten Texten zu füllen, ist eine Aktivität, die Ihre Kreativität fördert und Sie zwingt, Ihre Gedanken zu klären. Hier finden Sie Satzanfänge, die zum Nachdenken anregen. Wiederholen Sie diese Aktivität regelmäßig, um einen Stillstand des Denkens zu vermeiden, der Ihre Sicht auf die Gegenwart beschweren kann. Finden Sie wiederkehrende Abläufe, die Sie schwer aufgeben können, um Ihren Handlungen mehr Tiefe zu geben.

- Ich muss aufschreiben, dass ……
- Warum jeden Tag ……
- Wann werde ich endlich ……
- Als ich das letzte Mal gelacht habe ……
- Das Positive daran ist ……
- Wie konnte ich nur ……
- An diesem Menschen mag ich ……
- Ich habe geträumt, dass ……
- In Zukunft ……
- Im Bezug auf meine Vergangenheit ……
- Ich habe wirklich Lust zu ……
- Jetzt habe ich beschlossen ……
- Meine ersten Poesieverse sind ……
- Die wichtigen Farben in meinem Leben ……
- Ich sollte …… sagen ……
- Ich schenke ……

Entspannen mit Kunst

Ausdruck durch Fließen

Versuchen Sie mit möglichst wenigen Strichen diese tibetischen Buchstaben auf ein weißes Blatt Papier zu übertragen.

Atmen Sie zuvor gut durch, schauen Sie jeden Buchstaben an, schließen Sie die Augen, versuchen Sie, ihn sich vorzustellen, dann bilden Sie ihn mit einem schwarzen Filzstift langsam und filigran nach. Anschließend versuchen Sie es mit der anderen Hand.

Mein Weg zum Wohlbefinden

Entspannung erlaubt besonders, dass man sich jedes Teils seines Körpers bewusst wird und die Spannungen löst, indem man seine Haltung verbessert. Eine Übung für jeden Tag, für die Sie dreimal zehn Minuten einsetzen müssen.

Die morgendliche Entspannung

◎ Legen Sie sich auf den Rücken und ziehen Sie die Beine an, öffnen Sie sie in der Breite des Beckens, die Arme neben dem Körper.

◎ Atmen Sie ruhig, fühlen Sie guten Kontakt zum Boden, die Fußgewölbe, Po, Becken, Rücken, Nacken und Schädel.

◎ Machen Sie es dann den Kindern nach: Bewegen Sie Ihr Becken langsam zu einer Seite, um den Impuls zu geben, den unteren Teil der Wirbelsäule zu bewegen, dann die Mitte des Rückens, den oberen Teil, die Schultern, den Schädel, den Sie langsam nach hinten strecken und zurück.

◎ Beobachten Sie, wo es noch zieht oder wo sich die Entspannung einstellt.

◎ Wiederholen Sie dreimal, dann schließen Sie die Augen und erholen sich.

Mittagsentspannung

◎ Wiederholen Sie einmal die Übung vom Morgen und trainieren Sie zusätzlich die Augen. Folgen Sie der Linie einer horizontalen Acht (das Zeichen der Unendlichkeit), die Sie sich über sich an der Decke vorstellen.

◎ Erst in eine Richtung, dann in die andere durchführen.

◎ Strecken Sie Ihre Zunge heraus und lassen Sie sie in beide Richtungen zwei Minuten lang kreisen.

◎ Dann schließen Sie die Augen und erholen sich.

Entspannung am Abend

◎ Sie liegen auf dem Rücken, heben den rechten Arm und beugen gleichzeitig das linke Knie; entspannen Sie dann Ihren Arm.

◎ Während Sie den rechten Arm langsam heben, treten Sie gleichzeig mit dem linken Bein, wie beim Fahrradfahren.

◎ Wenn Sie mit dieser Bewegung vertraut sind, heben Sie den linken Arm und Sie treten mit dem rechten Bein in die Pedale.

◎ Das Ziel besteht natürlich darin, die gegenläufigen Bewegungen zu koordinieren, was Ihre Konzentration verbessert und zu Entspannung führt.

JEDE AKTIVITÄT ENTWICKELT SICH VOR ALLEM DURCH IHR INTENSIVES BEMÜHEN UND IHRE VOLLE AUFMERKSAMKEIT POSITIV.

Harmonie durch Abwechslung

Das sind einige sehr einfache Ideen, um auszuprobieren, wie es ist, etwas Extremes zu tun, das oft zurückgehalten wird! Der Begriff des Vergnügens kann mit einem geöffneten Fenster zur Freiheit verglichen werden. Wechseln Sie die Landschaft!

So richtig schlemmen

◎ Entweder bereiten Sie das Menü selbst zu, weil Sie eine Schwäche für Süßes haben (z. B. Schokoladencharlotte) oder Sie gehen in ein Feinschmeckerrestaurant mit edlem Umfeld und zuvorkommenden Kellnern, wo Sie sich nur zu setzen brauchen und alles getan wird, um Sie glücklich zu machen. Seltenes, aber intensives Erlebnis!

Einen Tag lang egoistisch sein

◎ Teilen Sie Ihrem Umfeld das Programm des folgenden Tages mit: ausschlafen, ein Buch im Bett lesen, alleine eine DVD ansehen, Spaziergang im Park ohne Kinder, Eis, Konditorei, Einkaufsbummel.

Dummheiten wie früher

◎ In Pfützen springen, schlüpfrige Geschichten erzählen, Klingelstreich, sich an der Kasse vordrängen, aus Ihrer Rolle des ausgeglichenen Menschen, der über ernsthafte Themen spricht, ausbrechen (petzen, Jugendsprache sprechen), nur um die Reaktionen der Leute zu sehen! Das tut gut! Man wechselt das Alter und ist weniger verantwortlich, dieses eine Mal!

Codes brechen

◎ Diese Codes zu brechen öffnet Ihnen Raum und gibt Luft zum Atmen.

◎ Rufen Sie zur Abwechslung einfach an, vor allem wenn sie zuvor etwas unterkühlt waren. Seien Sie unvorsichtig, sprechen Sie davon, was sicherlich passieren wird, sagen Sie ganz laut, was man ganz leise weiß, egal ob Ihnen die Worte fehlen und die Gesprächspartner nicht alles verstehen. Das befreite Wort.

◎ Sie erlauben sich, Ihre Gedanken und Ihren Wunsch zu teilen. Sie respektieren bevor Sie sich an Codes halten …

Musikalischer Moment für sich allein

◎ Wählen Sie auf Ihrem MP3-Player eines der Musikstücke aus, die Sie lieben, umhergehen, indem Sie sie hören und einfach die Welt beobachten. Wählen Sie nur Stücke, die Sie vibrieren lassen und leben Sie diesen Augenblick, drücken Sie sich in der Bewegung aus, fühlen Sie sich frei!

Zeit für mich

Meditation vor dem eigenen Bild

◎ Um nicht in Routine oder in sanftes Dösen vor dem Einschlafen zu verfallen, hier ein einfaches Mittel, um Ihre Aufmerksamkeit wach zu halten.

◎ Vergessen Sie nicht, dass dieser Meditationsprozess auf Ihr Gehirn einwirkt, bestimmte ungewohnte Bereiche öffnet und dass Ihre Aufmerksamkeit Fragen beantwortet, Sie dürfen jedoch nichts verlangen!

◎ Sonst werden Sie vorschnell eine Zufriedenheitsstrategie entwickeln, die sich in einem einfachen Wohlbefinden zeigt (was eigentlich nur die erste Etappe ist!).

Teilen Sie Ihre Übungen auf, zunächst in viermal fünf Minuten:

1 • Fünf Minuten Aufmerksamkeit, die Sie nur Ihrer Atmung schenken.

2 • Fünf Minuten Aufmerksamkeit, die Sie Ihrer Entspannung und den Signalen Ihres Körpers schenken.

3 • Fünf Minuten für ein positives Bild von sich selbst, um sich in sich selbst zu verlieben.

4 • Fünf Minuten für die Aufnahme aller Phänomene (Spannungen, Töne, Wohlbefinden), die Ihnen widerfahren.

◎ Jetzt vertrauen Sie allem, was Sie erproben. Lernen Sie, den Augenblick zu schätzen, die Stimuli, die Ihnen zur Verfügung stehen, das Leben, das Sie umgibt. Das ist ein wirksames Mittel, am helllichten Tag zu erkennen, was Sie blockiert, Sie lähmt oder im Gegenteil Sie befreit.

◎ Wenn Sie sich an die regelmäßigen Übungen gewöhnt haben, gewöhnen Sie sich an, sich für ein paar Minuten im Spiegel anzusehen, ohne an Gedanken festzuhalten, und mit diesem Gegenüber werden Sie über Selbstkritik oder Belangloses überrascht sein!

◎ Lernen Sie, sich von Ihrem Bild zu lösen, auf eine der vier vorher kennengelernten Weisen.

◎ Beenden Sie und senden Sie Ihrem Spiegelbild bewusst Zuneigung und Respekt.

GEBEN SIE DEN ZWANG VON SEIN UND SCHEIN AUF. DAS LÄSST SIE WERTVOLLE ZEIT GEWINNEN, UM ZUM EIGENTLICHEN ZURÜCKZUKEHREN.

Entspannen mit Kunst

Klärung durch Malen

Schreiben Sie in das klare Wasser des Sees alles, was Sie gerne klären würden, vereinfachen und leicht umsetzbar machen. Malen Sie dann darüber mit der mentalen Absicht, diese Wünsche möglich zu machen.

Erklären Sie in wenigen Worten den Begriff „Durchsichtigkeit“:

Denken Sie über diesen Satz nach:

Die Natur, die über das Unsichtbare die Maske des Sichtbaren legt, ist lediglich eine durch Transparenz korrigierte Erscheinung.

Victor Hugo

Gesundheitstipp

Nutzen Sie fünf Minuten Pause und legen Sie mit Blütenwasser der Kornblume getränkte Baumwollpads auf Ihre Augen. Ihre Augen entspannen sich und Sie finden zurück zur Konzentration.

Mein Weg zum Wohlbefinden

Hier finden Sie ein Naturprogramm, das Ihrem Körper den Sauerstoff, die Farben und die Düfte zuträgt, die für uns jahreszeitliche, biologische Orientierung sind. Diese einfachen Aktivitäten werden Ihre Nerven und Zellen harmonisieren.

Den Horizont erweitern

- Finden Sie einen Platz in der Natur, wenn möglich, mit einem freien Blick auf die Umgebung.

- Machen Sie es sich bequem, im Sitzen oder stehend. Atmen Sie ruhig und bewegen Sie sich nicht. Lassen Sie Ihren Blick sich in der Ferne verlieren, ohne einen Punkt zu fixieren. Ihr Blick wandert umher. Lassen Sie die Gedanken ziehen, ohne sie festzuhalten. Kehren Sie zu Ihrer Atmung zurück.

- Dann fixieren Sie den Horizont, schließen die Augen und konzentrieren sich auf das Zentrum Ihrer Stirn. Stellen Sie sich vor, dass ein Faden den Horizont mit Ihrer Stirn verbindet (strahlen Sie diesen Gedanken aus). Stellen Sie sich vor, dass über diesen Faden Düfte, Energien, verborgene Töne von diesem fernen Horizont zu Ihnen gelangen.

- So erweitert sich Ihr Bewusstsein und regt das Gehirn über das übliche Maß hinaus zum Arbeiten an. Ihre Entspannung ist tief …

Im Rhythmus des Herzens atmen

- Setzen Sie sich vor eine Blume. Betrachten Sie sie (ihre Farben, ihre Form, ihre Beschaffenheit). Fixieren Sie sie als wollten Sie ein Foto machen.

- Dann schließen Sie die Augen und sehen die Blume vor Ihrem inneren Auge. Öffnen und schließen Sie die Augen mehrfach.

- Wenn Sie ruhig und entspannt sind, atmen Sie ein, wenn Sie die Blume sich öffnen sehen; atmen Sie aus, wenn sie sich wieder schließt.

- Die Blume ist mit Ihrer Atmung im Einklang und eine sanfte Ruhe durchströmt Sie. Sie profitieren von ihrer Kraft, dann nehmen Sie Ihren Spaziergang in der Stille wieder auf. Sie wissen es zu schätzen.

Die Sanftheit des Taus

- Eine Übung vom Wissensschatz der „Zigeuner" inspiriert: Im Frühling, Sommer und Winter gehen Sie mit nackten Füßen für einige Minuten im Morgentau.

- Tau hat die Kraft, Ihre Aura zu reinigen (persönliches Energiefeld); beginnen Sie mit den Fußwölbungen und verankern Sie sich gut im Zentrum.

SO TRETEN SIE GANZ SANFT IN AUSTAUSCH MIT MUTTER NATUR …

Harmonie aus der Natur

Ihr äußeres Erscheinungsbild spricht für Sie. Hier finden Sie einfache Ratschläge für eine gesunde Lebensweise und Körperhygiene, um vom ersten Blick an gut anzukommen!

Hilft gegen Haarausfall

◎ Mischen Sie gut 10 ml Traubenkernöl mit 2 Tropfen ätherischem Rosmarinöl.

◎ Schützen Sie Ihre Augen und tragen Sie diese Maske auf die Kopfhaut auf, massieren Sie dabei langsam den Kopf. Wenn Sie das Öl vollständig einmassiert haben, lassen Sie es eine Stunde wirken. Ausspülen und mit Shampoo waschen.

◎ Tragen Sie alle zwei Wochen eine Haarpackung auf; sie wirkt gegen Haarausfall.

Hilft gegen Schuppen

◎ Bringen Sie 1 Liter Wasser zum Kochen und werfen 3 Esslöffel frischen Rosmarin ins Wasser. Lassen Sie den Aufguss bei mittlerer Hitze 15 Minuten köcheln. Abkühlen lassen.

◎ Spülen Sie Ihre Haare nach dem Waschen mit diesem Aufguss als Behandlung gegen Schuppen.

Hilft gegen schlechten Atem

◎ Das kann jedem passieren! Beißen Sie vor einer Verabredung in eine Zitronenscheibe, das reinigt den Zahnschmelz und gibt säuerlich frischen Atem.

◎ Sie können auch ein paar frische Minzblätter oder eine Gewürznelke kauen (Ideal nach Knoblauch!). Am Ende einer Mahlzeit an einer Zimtstange zu lutschen ist ebenfalls sehr wirksam!

Hilft gegen Körpergeruch

◎ Schwitzen ist ein natürliches Phänomen, das man nicht unterdrücken sollte. Trotzdem können Sie sich gegen unangenehmen Körpergeruch schützen, indem Sie den Alaunstein benutzen: Befeuchten Sie den Stein mit ein wenig Wasser und tragen ihn ganz einfach auf (reiben Sie den Stein mehrmals über die Haut). Lassen Sie die Haut trocknen, bevor Sie Ihre Kleidung anziehen.

◎ Der Alaunstein kann auch nach der Rasur verwendet werden, wenn Sie ihn zuvor gut anfeuchten.

◎ Weiteres Rezept: Geben Sie in einen Zerstäuber 60 ml Blumenwasser der Hamamelis, 10 Tropfen Grapefruitkernauszug, 10 Tropfen ätherisches Lavendel- und Zypressenöl, mischen und aufsprühen!

Der wechselseitige Austausch

41. WOCHE

Da Sie mit Ihren Anti-Stress-Übungen bereits fortgeschritten sind, können Sie die Verantwortung übernehmen, Ihre Kenntnisse zu teilen, auch wenn diese noch ganz neu sind, z. B. mit Ihren Angehörigen, Ihren Nachbarn oder im Rahmen eines solidarischen Vereins. Die unten stehende Anleitung soll Sie dabei unterstützen. Achten Sie vor allem auf die korrekte Durchführung der Bewegungen und die richtige Atmung. Beim nächsten Treffen wird ein anderer Teilnehmer an der Reihe sein, eine solidarische Aktivität anzubieten.

1

Atmen Sie durch die Nase ein, heben Sie dabei die Arme, atmen Sie aus und lassen sie wieder sinken, beugen Sie gleichzeitig die Knie. Führen Sie die Übung siebenmal durch.

2

Rollen Sie einen Ball mit imaginärer Energie drei Minuten lang in Ihren Händen.

3

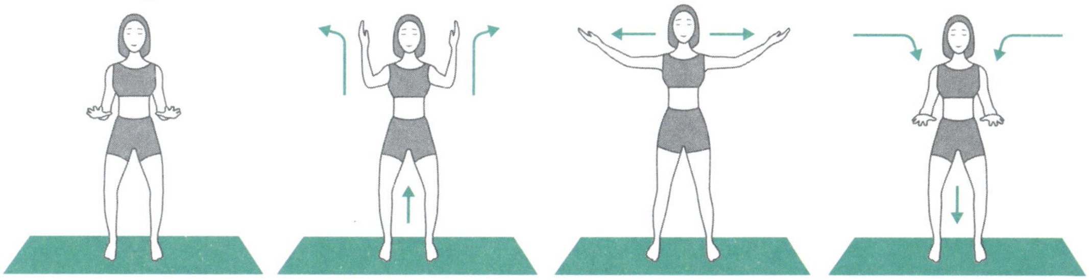

Atmen Sie langsam ein und heben dabei die Arme, atmen Sie aus und senken Sie die Arme dabei (siebenmal).

4

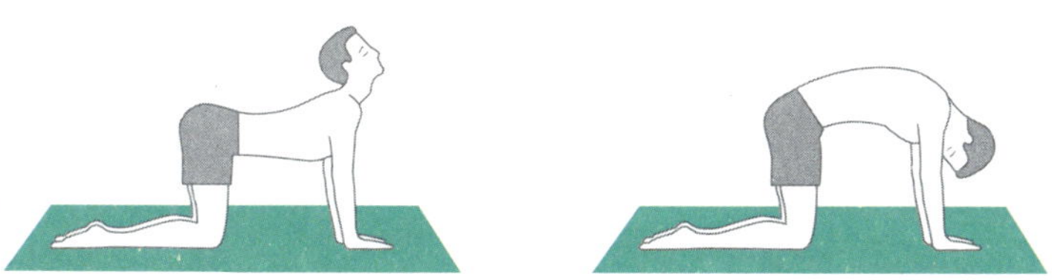

Führen Sie diese Übung durch und beachten Sie dabei die Ein- und Ausatmung (siebenmal).

5

Bewegen Sie Ihr Becken der unten stehenden Zeichnung entsprechend, erst zur einen, dann zur anderen Seite (siebenmal).

BEENDEN SIE DIE SITZUNG AUF DEM RÜCKEN LIEGEND UND LESEN SIE EINEN ENTSPANNENDEN TEXT. DANACH STILLE FÜR ALLE UND AUSRUHEN.

Wechselseitige Kreativität

Erster Schritt

◎ Kündigen Sie die Veranstaltung reichlich im Voraus mit einfachen auf den Pfeilern der Stadt aufgeklebten kleinen Plakaten oder bei den Händlern Ihres Viertels an. Der Text sollte klar und liebenswürdig sein, zum Beispiel: „Willkommen zum nächsten Karneval! Wir schlagen Ihnen vor, in gemeinsamer Anstrengung unsere eigene Identität des Viertels zu vertreten, mit Freude und guter Laune!"

◎ Geben Sie einen Link zu einem Blog, eine E-Mail-Adresse oder eine Telefonnummer an.

◎ Schließlich bieten Sie ein erstes Zusammentreffen an, das auch über das Internet (Skype oder Ideen per E-Mail-Austausch) stattfinden kann, wenn kein geeigneter Ort gefunden wird.

Zweiter Schritt

Man muss ein gemeinsames Thema finden und mögliche „Verkleidungsideen" notieren. Das kann sehr einfach sein (jeder trägt eine Armbinde, die für den Karneval gemacht ist, mit unkonventionellen Stickereien zum Beispiel oder ein spezielles, buntes T-Shirt usw.) oder auch etwas raffinierter.

◎ Denken Sie an die Accessoires: Papierblumen, fluoreszierende Holzschuhe, lustige Knopfleiste, außergewöhnliche Hüte ...

◎ Falls der Nachbar Trompete spielen kann, soll er das tun! Wenn ein anderer gerne Gedichte vorträgt, keine falsche Bescheidenheit!

◎ Erfinden Sie einen gemeinsamen Slogan mit wenigen Wörtern, der leicht zu merken ist und eine eingängige Satzmelodie hat.

◎ Sorgen Sie für Konfetti. Dafür können Sie Zeitschriften lochen.

◎ Sollte es warm sein, sehen Sie Wasserflaschen vor, um das Publikum zu besprengen!

Die Idee dahinter: Man soll sich an Ihr Viertel erinnern, in dem die Leute vereint leben und die gute Laune teilen!

Kollektive Kunsttherapie

Mehrere mögliche Ideen

1 Organisieren Sie einen Ort, an dem ein kollektives Wandbild realisiert werden kann. Das kann eine Wand sein, die das Rathaus zur Verfügung stellt, ein Platz an einer Schule, wo dann auch die Schüler mitmachen können oder einfach eine große Recycling-Holzplatte, die Sie reinigen, um entweder darauf zu malen oder sie mit kleinen Keramiken zu schmücken (als Bruchware im Handel erhältlich).

◎ Sie wählen ein Motiv, das Sie malen werden.

◎ Es ist wichtig, etwas Einfaches vorzuschlagen, was alle reizt: eine Landschaft, eine Idee, die die Solidarität symbolisiert.

◎ Stellen Sie Material und Anweisungen entsprechend der vorab genau festgelegten Aktivitäten zur Verfügung.

2 Schlagen Sie einen Aktivitätsplan vor (eine Art Sportparcours). Im Laufe der Zeit wird die Strecke ein Weg der Begegnung der Anwohner Ihres Viertels werden.

◎ Stellen Sie sich den Parcours in Form einer Schleife vor. Um dem Parcours etwas Beständiges zu verleihen, entwerfen Sie ein Logo als Erkennungszeichen und bitten die Gemeinde, das Zeichen an Pfeilern entlang der Strecke anbringen zu dürfen. Alle werden davon profitieren.

◎ Eröffnen Sie einen Blog, in dem die Strecke vorgestellt wird!

EINEN ORT IN FORM EINER KOLLEKTIVEN AKTIVITÄT ZU BELEBEN, ERMÖGLICHT EIN UNMITTELBARES ZUSAMMENKOMMEN, DAS EINEN INTENSIVEREN KONTAKT SCHAFFT.

42. WOCHE Zeit für mich

Negative Gedanken, ungeklärte Emotionen, Bedauern, ein verursachtes Unrecht usw. wirken sich manchmal sehr lange auf unser Verhalten aus und bilden den Ursprung für zusätzlichen, unerklärlichen und unerwarteten Stress! Nehmen Sie sich die Zeit, die Tabelle auszufüllen und nach akzeptablen und realisierbaren Lösungen zu suchen. Führen Sie diesen Check-up regelmäßig durch.

Negatives Denken und Glauben	Ursprung	Helfende Gedanken

Person	Verursachtes Unrecht	Mögliche Wiedergutmachung

Ihr Bedauern	Ihre Ängste	Abhilfe

Entspannen mit Kunst

Schreiben Sie Ihre Verpflichtungen auf:

◎ Teilen Sie diese Seite in zwei Hälften. Verwenden Sie die soeben in der Tabelle verwendeten Begriffe. Schreiben Sie nur mit Buntstiften, links als Teil der Vergangenheit, d.h. gelöste Aufgaben, rechts Aufgaben, die noch zu lösen sind.

◎ Verwenden Sie kalte Farben (Grün, Blau, Violett), um den Teil der Vergangenheit, und warme Farbe (Rot, Orangefarben, Gelb) um den noch zu lösenden Teil sanft zu übermalen. Tragen Sie die Farbe in breiten Streifen auf.

◎ Schreiben Sie einen persönlichen, positiven Satz, mit dem Sie sich verpflichten:

Denken Sie über diesen Satz nach:

Es ist besser, eine Kerze anzuzünden, als die Dunkelheit zu verfluchen.

Chinesisches Sprichwort

Gesundheitstipp

Sobald Sie kritische Emotionen wecken, machen Sie sich mit Kräutertee eine Freude, der sich auf die Lungen und den Darm auswirkt, wo die Traurigkeit angesiedelt ist: Thymian oder wildes Bohnenkraut, warmes Wasser und Lavendelhonig.

Mein Weg zum Wohlbefinden

Das ist ein Schema für ein sanftes, körperliches Training, ein ideales Stretching vor dem Laufen oder einer längeren Wanderung. So „entrosten" Sie Ihre Gelenke und haben keine schlechte Körperhaltung. Halten Sie jede der Positionen gute zehn Sekunden, damit Sie den Körper fühlen, dessen Anstrengung begleiten und an seiner Geschmeidigkeit langsam arbeiten. Erzwingen Sie nichts!

Harmonie aus der Natur

Ein Parfüm selbst herzustellen, ist eine wunderbare Erfahrung. Hier ein paar Grundlagen, mit denen Sie sich sofort ans Werk machen können mit praktischen Beispielen für den Anfang.

Die drei Noten für ein Parfüm

- Die Kopfnote ist der Duft, der sich am schnellsten verflüchtigt, der Duft, den Sie sofort riechen. Die Basisnote verflüchtigt sich am wenigsten schnell und die Herznote gibt den Duftcharakter des Parfüms vor. Bei der Parfümherstellung sind diese drei Noten wegweisend!

- Sie werden nach und nach Ihre Düfte finden müssen, ertasten …

- Nehmen Sie kleine Tester zu Hilfe. Berücksichtigen Sie unten stehende Hinweise und Sie sind Ihrem Lieblingsparfüm schon einen Schritt näher.

Beispiele:

- Kopfnote: 20 %. Ätherische Öle der Zeder, Zimt, Patschuli, Sandelholz, Vanille (jeweils ein Duft).

- Herznote: 30 %. Bergamotte, Lavendel, Zitrone, Limone, Neroli, Rose, Jasmin, Obstbäume.

- Basisnote: 50 %. Gewürznelke, Geranium, Zitronengras, Muskatnuss, Neroli und Ylang-Ylang.

Wenn Sie sich für eine allgemeine Duftrichtung entschieden haben, beginnen die Vorbereitungen.

Parfüm-Rezept

- Nehmen Sie dieses Grundrezept: 70 % Korn (Typ weißer Wodka), 15 bis 25 % ätherische Öle, 5 % destilliertes Wasser.

- Geben Sie die Zutaten in ein Glasfläschchen mit Deckel. Mischen und vor dem Aufsprühen mindestens 24 Stunden ruhen lassen.

43. WOCHE

Zeit für mich

- Diese Aktivität hat zwei Ziele. Scannen Sie die Zeichnung zur Vervielfältigung zunächst ein.

- Auf das erste Ziel schreiben Sie Wörter oder fassen Tatsachen zusammen, die Sie stark behindern. Stechen Sie in das Ziel durch Auftupfen mit dem Bleistift, wie das Werfen kleiner Dartpfeile. Reagieren Sie sich ab, sprechen Sie oder stoßen Sie Beleidigungen aus, falls Sie das wünschen.

- Auf die zweite Zielscheibe malen Sie zunächst sanft ansteigende Spiralen, dann suchen Sie Besänftigung und Trost in Farben wie Grün, Orange, Blau.

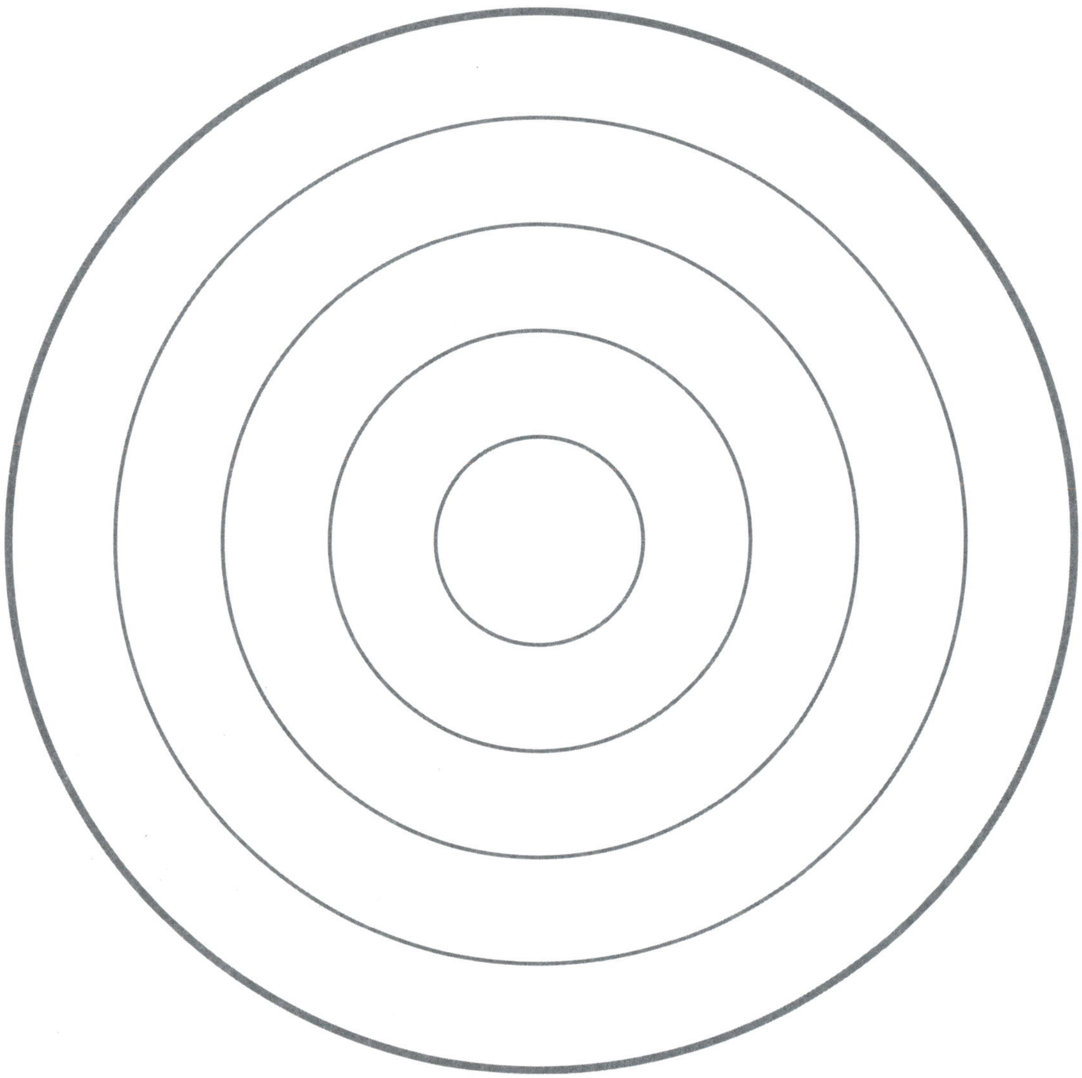

DAS PRINZIP DES LOSLASSENS UND HALTENS KANN AUCH VERBAL UND MIT GESTIK UMGESETZT WERDEN, WAS BESÄNFTIGT.

Entspannen mit Kunst

Das Zeichen des Tao

◎ Hier das Zeichen des Tao. Es zeigt an, dass jede Situation dazu aufgerufen wird, sich zu verändern. Im weißen Teil kündigt der schwarze Punkt eine Veränderung an, im schwarzen Teil kündigt der weiße Punkt dasselbe an. Schreiben Sie rundum, was Ihnen unveränderlich (gut oder schwierig) zu sein scheint und anschließend wie es sich verändern könnte (gut oder schwierig).

◎ Scannen Sie die Zeichnung, damit Sie sie öfter verwenden können. Das wird Ihren Geist formen, den Weg der Akzeptanz, des Unsteten zu verstehen. Es wird Ihnen helfen, zu wachsen und Abstand zu gewinnen, ohne Furcht vor der Zukunft.

◎ Schreiben Sie einen beruhigenden Satz auf:

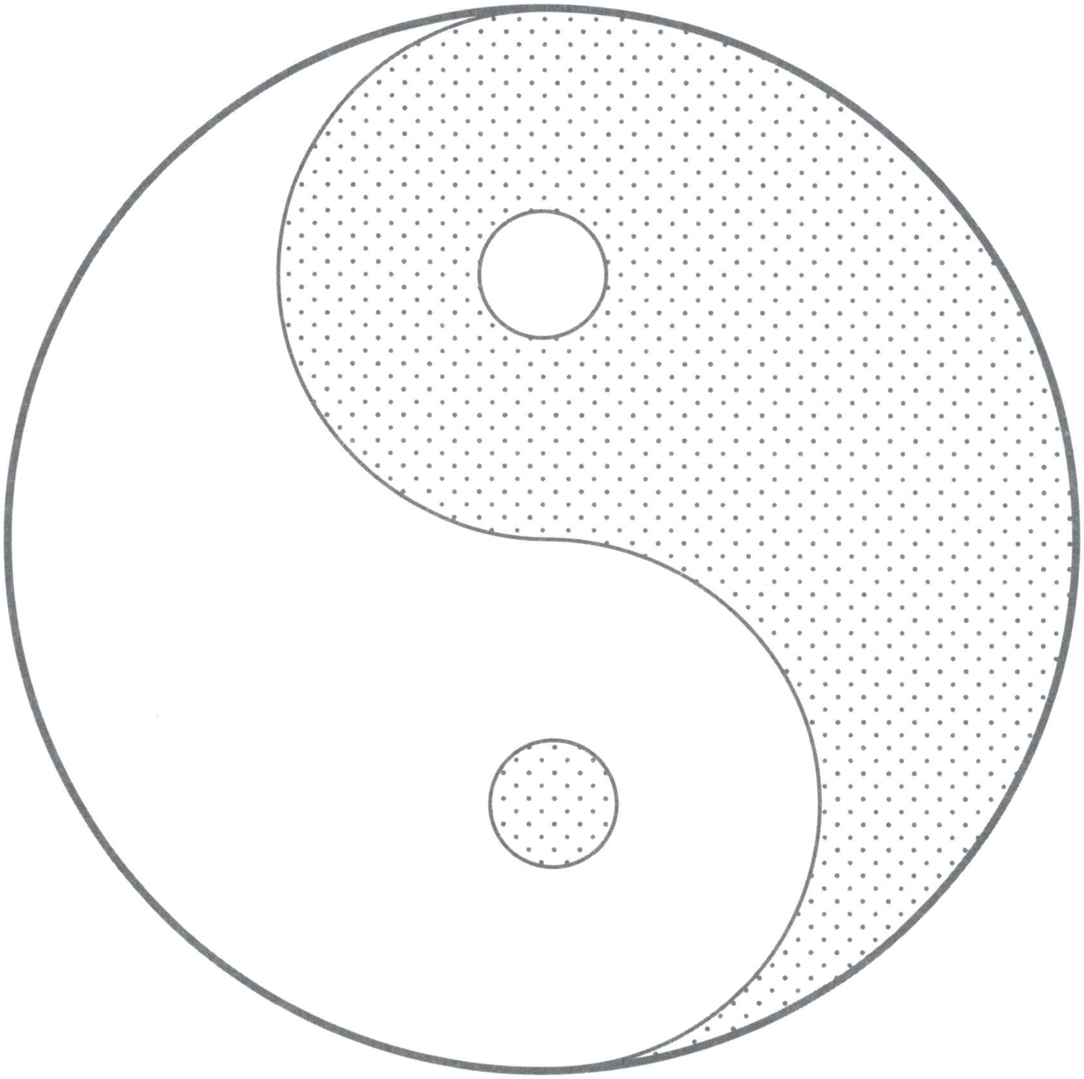

Denken Sie über diesen Satz nach:

Sei, was du wirst.

Aus dem Vertrag *Yi King*

Gesundheitstipp

Gewöhnen Sie sich an, bevor Sie etwas schreiben oder zeichnen, mit geschlossenen Augen das Zentrum der Stirn und den Nacken mit Ihren Handflächen zu massieren: Das erleichtert die Konzentration.

Mein Weg zum Wohlbefinden

Hier die vollständige Serie der Yogaübungen „Sonnengruß“ und „Mondgruß“. Beachten Sie genau die Zeichnungen, damit sich Ihr Rücken gut dehnt und sich Ihre Lungen der Sauerstoffzufuhr völlig öffnen.

◎ Der Unterschied liegt vor allem in der Wiederholung der Positionen und im Schluss. Pranayama, eine Atemtechnik, ermöglicht, am Ende der Übung das Gehirn völlig mit Sauerstoff zu versorgen.

◎ Führen Sie die Übung in Ihrem eigenen Rhythmus durch, nach und nach, ohne Druck auszuüben; es ist ein natürliches Muskelstretching.

Harmonie aus der Natur

Klang ist ein ausgezeichneter Bote innerer Ruhe. Man muss ihn einfach hören, um das passende Instrument zu finden. Die asiatischen Glockenspiele, die tibetischen Klangschalen, die Kristallschalen, die Holzglockenspiele, die Meditationsglocken … Alles Klangbeispiele, unter denen Sie wählen können, und Anwendungsmöglichkeiten für die Musiktherapie, um innere Ruhe zu finden.

Die Quarzschale

◎ Wenn die Quarzschale nach der traditionellen Tonleiter gestimmt ist, hat sie den Vorteil, einen weiten Ton zu erzeugen, der kreist und der einen Energieraum in Ihrem Zimmer öffnet.

Tibetische Klangschale

◎ Sie wird mit der Legierung von sieben Metallen hergestellt (Silber, Kupfer, Zinn, Eisen, Quecksilber, Gold, Blei). Jede Schale hat einen einzigartigen Ton. Um die richtige zu wählen, drehen Sie den Schlegel um das Äußere der Schale, die Sie vor sich und dann am Herzen halten. Sie müssen die Beruhigung und die Öffnung des Bewusstseins spüren, die sie Ihnen verschafft.

Das Glockenspiel aus Metall

◎ Je länger die Rohre sind, desto tiefer sind die Töne und „erden" den Zuhörer. Es ist eine sehr persönliche Wahl, aber ich empfehle Ihnen, zu hohe Glockenspiele zu meiden.

◎ Dieses Glockenspiel ist angenehm, da es eine Transzendenz anklingen lässt.

Das Holzglockenspiel

◎ Es ist ideal auf dem Balkon oder im Garten, der Wind spielt damit und schafft einen Raum der Erkenntnis, wie eine Verlängerung des natürlichen Lebens …

Chimes

◎ Durch ein Ensemble von mindestens zehn kleinen Röhrchen, die man mit einem Stock anklingen lässt, sind die Klangstäbe wie ein musikalisches Komma, ein tönendes Zeichen, um in eine andere Ebene des Seins zu wechseln.

Glocken und Cymbalen der Meditation

◎ Achten Sie darauf, sie nicht zu sehr anzuschlagen. Die Töne können sehr tief sein, die hohen dringen schnell ins Gehirn ein.

◎ Diese Instrumente eignen sich hervorragend, um den Schnitt zwischen der Gegenwart und dem Eintritt in die Meditationsphase zu markieren.

44. WOCHE Zeit für mich

Die Meditation schärft die Aufmerksamkeit und es fällt Ihnen leichter, sich zu konzentrieren. Also, je mehr Sie regelmäßig meditieren (was nicht großen Zeitaufwand, sondern hohe Qualität bedeutet), desto mehr sind Sie imstande, schnell zur Ruhe zu kommen.

◎ Um in der Konzentrationsfähigkeit weiterzukommen, ist die Visualisierung unerlässlich. Indem Sie bewusst ein Bild Stück für Stück aufbauen, werden Sie Ihre Meditationen vertiefen.

◎ Folgen Sie dem Bau dieses Yantra (geometrische Figur im Hinduismus) in fünf Punkten genau: Er stellt symbolisch die Elemente dar, die die Welt zusammensetzen. Sie können nur von einem zum anderen wechseln, wenn es Ihnen gelingt, sich das Vorangehende bildlich vorzustellen.

◎ Beobachten Sie das Quadrat, schließen Sie die Augen und arbeiten Sie an der Visualisierung. Dann fügen Sie in 1 das Bild 2 ein. Wenn es Ihnen gelingt, das sichtbar zu machen, gehen Sie zu 3 usw.

◎ Lassen Sie Ihren Geist den Linien Farben hinzufügen, wenn Sie es wünschen.

DAS SICHTBARMACHEN ZWINGT SIE ZU EINER AUF EINEN PUNKT GERICHTETEN KONZENTRATION, ES ERFORDERT IHRE GANZE AUFMERKSAMKEIT UND ZIEHT SIE VON STÖRENDEN GEDANKEN AB.

Entspannen mit Kunst

Pyramiden

◎ In der ersten Pyramide malen Sie jede umgekehrte Pyramide in verschiedenen Farben aus. Führen Sie die Striche möglichst von oben nach unten.

◎ Bei der zweiten Pyramide führen Sie den Strich vorzugsweise von unten nach oben. So erfahren Sie in zwei Schritten Entspannungsarbeit und Dynamisierung.

Mein Weg zum Wohlbefinden

Die tibetischen Huldigungen wurden teils durch die Bewegungen aus dem Yoga inspiriert, wie durch den „Sonnengruß“. Mit dem Unterschied, dass die dichte, körperliche Übung alle Meridiane streckt und sich nach vorne bewegt: Sobald Sie aufgerichtet sind, sind Sie etwas nach vorne gekommen!

◎ Manche Mönche legen auf diese Art Kilometer zurück, es ist ein Weg Ihrem Meister Respekt zu zollen, der der tibetische Buddha ist. Es ist eine hervorragende Übung zur Reinigung der Seele und des Körpers.

◎ Führen Sie die Übung zunächst bei Ihnen zu Hause in einem Zimmer durch, dann in einem Flur. Ich empfehle Ihnen, kleine Kniekissen zu verwenden, wenn Sie empfindliche Knie haben und Handschuhe, um besser zu rutschen! Beginnen Sie mit einer Serie von sieben Huldigungen.

ES IST EINE ANSTRENGUNG FÜR DEN GANZEN KÖRPER, FÜR DIE SIE GUT ZENTRIERT SEIN SOLLTEN. SIE MÜSSEN AUF IHREN KÖRPER HÖREN, DANN FINDET DER GEIST VÖLLIGE ENTSPANNUNG.

Harmonie aus der Natur

Schon immer wurden Brunnen innerhalb von Wohnräumen wegen ihrer beruhigenden und frischebringenden Eigenschaften geschätzt. Wählen Sie auf jeden Fall ein System mit einer leisen Pumpe, das einfach im Unterhalt ist. Die Pumpe muss leicht zu leeren sein und man muss sie abschalten können, ohne das System zu stören. Wählen Sie für die Wasserzufuhr einen geschlossenen Kreislauf. Sie müssen nur regelmäßig den Wasserstand überprüfen. Benutzen Sie destilliertes Wasser, da Wasser aus dem Wasserhahn das Gerät auf Dauer beschädigen kann.

Zen-Brunnen

- Vorteile: seine kleine Größe und das schlichte Dekor (Kieselsteine, Sand, Steine, manchmal ein Buddha).
- Normalerweise wird er auf einen Tisch gestellt, wird zu einem Teil Ihrer Inneneinrichtung und kann eine „vergessene Ecke" zu einem entspannenden Platz werden lassen.

Brunnen mit Pflanzen

- Er benötigt in der Regel einen sonnigeren Platz, da die Pflanzen Sonneneinstrahlung benötigen und nicht unbedingt helles Kunstlicht mögen.
- Die Sanftheit des Wassers und das kleine Stück Natur ergänzen sich auf dekorative Weise. In der Regel werden die Brunnen am Boden aufgestellt (schwerer als ein Zen-Brunnen) oder an der Wand aufgehängt.

Brunnen mit Mineralien

- Sie sind für Ambiente mit Pastellfarben besonders geeignet und werden mit speziellen Lampen noch in Szene gesetzt.
- Wasser über die Reflexe des Rosenquarzes oder des Amethystes plätschern zu sehen, wirkt entkrampfend. Das ist ein Meditationsbrunnen par excellence.
- Egal, ob Sie Ihn auf einen Tisch oder den Boden stellen, er verdient für sich allein einen Platz, der seiner Funktion, der Förderung des Wohlbefindens, entspricht. Man kann diese Brunnen häufig in den Praxen von Therapeuten sehen, die ihre besänftigenden und tröstlichen Eigenschaften gerne nutzen.

Salzbrunnen

- Ähnlich dem Brunnen mit den Mineralien verbreitet er eine sanfte Stimmung durch die zarte Farbgebung in Rosa- und Orangetönen. Wählen Sie eine Beleuchtung, die diese Sanftheit unterstreicht.
- Dank seiner kleinen Ausmaße ist es nicht schwer, für ihn einen geeigneten Platz zu finden.

Zeit für mich

Die Meditation der 7 Farben

◎ Sich etwas vorzustellen, bedeutet etwas zu erschaffen. In Gedanken etwas entstehen zu lassen, ist eine Form der Autonomie, die auf Verwirklichung Ihrer persönlichen Ziele ausgerichtet ist.

◎ Die Meditation der 7 Farben lädt Sie ein, Energie dorthin fließen zu lassen, wo sie benötigt wird. Um diesen Prozess nicht zu sehr zu vergeistigen, verwenden wir die Farben.

◎ Bei jedem Aufrufen einer Farbe richten Sie eine Vibration (die Farbe ist eine Schwingung, wie ein Ton in viel höherer Frequenz) auf die energetischen und physikalischen Stellen Ihres Körpers: Meridiane, Chakren, Aura.

◎ Das ist eine Art, sich völlig zu entspannen, sich Zeit zu nehmen, sich um sich selbst zu kümmern.

◎ In der Folge wiederholen Sie, wo auch immer Sie sind, dieses kleine zärtliche Ritual, sogar mit geöffneten Augen!

• Entspannen Sie sich im Sitzen, indem Sie die Augen schließen und mit den Handflächen Ihren Oberkörper und Ihr Gesicht massieren.

• Richten Sie Ihre Aufmerksamkeit auf Ihren Atem, der zuerst regelmäßig sein sollte.

• Dann stellen Sie sich die Farbe Rot vor, die Sie ruhig umgibt, diese Farbe wird sich dorthin begeben, wo Ihr persönliches Vorankommen sie benötigt: hinter die Schulter, über Sie, ganz gleich, baden Sie in Rot.

• Wenn Sie spüren, dass dies gelungen ist, gehen Sie zur Farbe Orange über, dann Gelb, Grün, Blau, Lila und Weiß, um diese Meditation zu vollenden.

• Die weiße Farbe scheint wie eine Fontaine aus Ihrem Kopf zu entspringen und fällt auf Ihren Körper herunter. Sie reinigt, erleichtert und führt Sie zu völliger Entspannung.

• Kehren Sie langsam in die Gegenwart zurück, massieren Sie sich erneut, setzen Sie Ihren Tastsinn ein und machen Sie einen Spaziergang oder etwas Gemächliches.

DENKEN SIE DARAN, IN DEN DOMINIERENDEN FARBEN JEDER JAHRESZEIT ZU „BADEN", LASSEN SIE SICH AUF DIE ERSCHEINUNGSFORMEN DER NATUR EIN.

Entspannen mit Kunst

Ausmalen

◎ Begünstigen Sie beim Ausmalen des Bildes Blautöne, wie Türkis und Hellblau. Malen Sie in breiten Streifen, um sich zu entspannen und sich an den beruhigenden Farben zu sättigen.

◎ Schreiben Sie ein paar Worte über einen idealen Urlaub:

Denken Sie über diesen Satz nach:

Ferien zu haben, bedeutet, nichts zu tun zu haben, und den ganzen Tag zu haben, um es zu tun.

Robert Orban

Coaching-Tipp

Schließen Sie in Stressmomenten die Augen und beschwören Sie Erinnerungen an einen Urlaub der Flucht herauf, verwenden Sie hierfür die Hilfe der Farben. Entspannen Sie ein paar Minuten und kehren positiv in die Gegenwart zurück.

Mein Weg zum Wohlbefinden

Am Morgen unter der Dusche

◎ Suchen Sie sich einen kleinen Stock (oder einen kleinen Ball), den Sie unter dem Fuß rollen können.

◎ Konzentrieren Sie sich, während das lauwarme Wasser über Ihren Rücken läuft, auf den Stock, der Ihnen das ganze Fußgewölbe massiert und den Energiefluss in allen Meridianen anregt.

◎ Wechseln Sie den Fuß.

Am Vormittag

◎ Nehmen Sie Ihren Anti-Stress-Ball in die rechte Hand, schließen Sie die Augen (wenn der Ort es zulässt) und übertragen Sie auf den Ball all Ihre Erregung und und Ihre Gereiztheit. Kneten Sie den Ball mit aller Intensität durch, als wäre es seine Schuld!

◎ Nehmen Sie dann den Ball in die linke Hand und kneten ihn, im Gegensatz zur vorigen Übung, mit einem Gefühl des Wohlbefindens. Lächeln Sie und Sie werden sich leichter fühlen, werden leichter atmen und nur an positive Dinge denken.

◎ Noch einen tiefen Atemzug und Sie kehren in aller Harmonie ins „Hier und Jetzt" zurück.

Am Nachmittag

◎ Drücken Sie Ihre rechte Faust in Ihre linke Handfläche, die Ellenbogen sind auf den Schreibtisch aufgestützt. Drücken Sie mit der linken Handfläche auf die rechte Faust, damit die Finger gut umschlossen sind, dann loslassen.

◎ Machen Sie die Übung drei Minuten auf jeder Seite.

Am Abend

◎ Wie ein Tennisspieler, der sich für den Aufschlag des Gegners bereithält, halten Sie Ihre beiden Hände eine gegen die andere, den Oberkörper nach vorne gebeugt, mit leicht gebeugten Knien. Schaukeln Sie Ihr Becken hin und her, um Ihren Unterkörper gut zu entspannen.

MIT DEM SPIEL ZWISCHEN „GESPANNT UND GELOCKERT" LÖSEN SIE MUSKELVERSPANNUNGEN UND BEGÜNSTIGEN DIE ENTSPANNUNG.

Harmonie aus der Natur

Blüten werden in der Küche immer mehr geschätzt: Salate, warme Gerichte, Käse oder Desserts können von dieser Verbindung mit Natur, die eine süße oder scharfe Note hinzufügt, profitieren. Die Blüten selbst zu pflücken, wäre natürlich das Beste; Sie müssen jedoch wissen, dass Sie auf dem Markt und in Bio-Läden Blüten frisch gepflückt kaufen können! Suchen Sie die Blüten mit Ihren Kindern, das wird Ihnen gefallen! Hier ein paar ganz einfache Verwendungsmöglichkeiten:

Blütenblätter in Zucker

- Nach Belieben Blüten der folgenden Pflanzen: Borretsch, Kapuzinerkresse, Klatschmohn, Rosen, Stiefmütterchen oder Veilchen.

- Schlagen Sie ein Eiweiß zu Schnee. Geben Sie 2 Esslöffel Zucker in einen Teller. Tauchen Sie die Blütenblätter in das geschlagene Eiweiß, dann in Zucker ein. Lassen Sie sie auf einem Blech im Backofen bei 30 °C trocknen, drei bis fünf Minuten lang. Trocken aufbewahren.

- Dekorieren Sie Ihre Torten damit.

Krapfen von Akazienblüten

- Ernten Sie Akazienblütenblätter.

- Bereiten Sie einen Teig für Krapfen vor (mischen Sie 125 g Mehl, 150 ml Milch, ein Ei, 1 Prise Salz, 1 Esslöffel Öl, 1 Pck. Vanillezucker) und stecken Sie die Blüten in die Teigkugeln.

- Frittieren Sie die Kugeln 3 Minuten lang. Garantiert auserlesener Geschmack!

Salate

- Verwenden Sie hauptsächlich Stiefmütterchen, Kapuzinerkresse, Flieder und Lavendel. Die Blüten sind knusprig und süß!

Gegrillte Aubergine mit Kapuzinerkresse

- Backen Sie die ganze Aubergine im Backofen. Gelegentlich wenden. Abkühlen lassen und die Haut mit einer Gabel abziehen.

- Mischen Sie sie mit einer Knoblauchzehe und fügen eine gute Handvoll Blüten der Kapuzinerkresse hinzu. Vorsichtig mischen und mit etwas Zitronensaft abschmecken.

46. WOCHE Zeit für mich

Mit einer Serie von vier Bewegungen und Atemzügen, die man sich gut merken kann, haben Sie eine sofortige und effektive Antwort auf den Stress. Hier benötigen Sie kein Nachdenken, sondern körperliche Arbeit ist gefragt!

1 Beugen Sie im Stehen, die Füße nebeneinander, die Knie nach vorne und drücken das Gesäß nach hinten, als wollten Sie sich setzen.

- Heben Sie dann die Arme in der Verlängerung des Rückens und bringen die Hände zusammen.
- Ziehen Sie an den Armen und spannen den Bauch dabei an.
- Übung dreimal durchführen.

2 Im Stehen, die Füße nebeneinander, die Arme in der Luft und Schultern gesenkt: Beim Ausatmen senken Sie langsam den Kopf und den Oberkörper, bis die Finger den Boden berühren (falls Sie das schaffen, soweit wie es eben geht).

- Richten Sie sich langsam wieder auf und atmen dabei ein. Halten Sie während der Übung die Spannung im Bauch.
- Übung dreimal durchführen.

3 Im Stehen, die Füße nebeneinander, setzen Sie Ihren rechten Fuß auf die Innenseite des linken Schenkels.

- Bringen Sie die Hände auf Höhe des Brustbeins vor sich zusammen, dann heben Sie die gestreckten Arme mit aneinandergelegten Händen und atmen dabei ein. Über dem Kopf drehen Sie die Handflächen zur Decke. Atmen Sie beim Senken der Arme aus.
- Übung dreimal wiederholen.

4 Atmen Sie im Stehen, die Füße nebeneinander, durch die Nase ein und bringen die Arme auf beiden Seiten des Körpers über den Kopf. Beim Einatmen intonieren Sie den Laut O.

- Atmen Sie dann wieder aus und lassen Ihre Arme plötzlich nach unten fallen und lassen ein A erklingen, wie eine wohlige Erleichterung, schlagartig und tönend! Wenn Sie jetzt gähnen, ist es vollkommen!
- Wiederholen Sie die Übung dreimal.
- Genießen Sie diesen Zustand der Ruhe und des Friedens für einen Moment.

DIESE ÜBUNGEN UNTERSTÜTZEN DIE ENTSPANNUNG DER BAUCHMUSKULATUR UND ERLEICHTERN IHREN ATEMZYKLUS.

Entspannen mit Kunst

Den Weg des Labyrinths verstehen

- Gehen Sie zum Zentrum des Labyrinths mit warmen Farben (Rot, Orange, Gelb) vor und enden Sie im Zentrum mit kalten Farben.

- Schreiben Sie einige Worte, die symbolisieren, dass man auf seine innere Welt hört:

Denken Sie über diesen Satz nach:

Das Wunderbarste, was du je lernen wirst, ist zu lieben und wiedergeliebt zu werden!

Baz Luhrmann

Gesundheitstipp

Schließen Sie die Augen, legen Sie im Geiste Ihren Stress in die Vertiefung Ihrer Hände, atmen Sie ein und heben Sie die Schultern, atmen Sie aus und senken Sie sie wieder; öffnen Sie die Hände nach außen, als ob Sie Ihre Spannungen weit von sich werfen!

Mein Weg zum Wohlbefinden

Am Morgen

◎ Vor dem Badezimmerspiegel, halten Sie sich gerade, Ihre Arme längs des Körpers, atmen Sie durch die Nase ein und ziehen die Schultern hoch.

◎ Halten Sie dann die Atmung an und beginnen einige Sekunden zu pumpen, das heißt, dass Sie beide Schultern mehre Male hinaufziehen und senken, noch immer mit blockierter Atmung.

◎ Atmen Sie aus und lassen Sie die Schultern wieder fallen.

◎ Führen Sie die Übung dreimal durch. So entleeren Sie Ihren Körper von Energieresten der Nacht und Sie zentrieren sich wieder auf die Gegenwart.

Am Ende des Vormittags

◎ Wer zu lange vor einem Computer sitzt, hat die Tendenz, die Stirn zu runzeln, ohne sich dessen bewusst zu sein.

◎ Um den oberen Teil des Gesichtes zu entspannen, beginnen Sie tief einzuatmen, halten Sie dann Ihre Atmung an und bringen die gestreckten Arme mit erhobenem Daumen vor sich.

◎ Fixieren Sie die Spitze des Daumens, den Sie langsam vor Ihre Augen bewegen.

◎ Wenn sie extrem schielen, schließen Sie die Augen, atmen aus und lassen die Arme fallen.

◎ Führen Sie die Übung dreimal durch. So werden Sie Ihre Stirn und Ihr visuelles System entspannen.

Am Nachmittag

◎ Kreuzen Sie Ihre Finger und strecken Ihre Arme nach vorne, die Handflächen nach außen, und atmen ein.

◎ Heben Sie die Arme und legen Ihre Handflächen hinter den Nacken, atmen Sie weiter, wölben den Brustkorb nach vorne und biegen den Kopf nach hinten, dabei strecken Sie beide Beine (der Rücken ist leicht gebogen). Sie atmen aus und lassen alles los.

◎ Führen Sie die Übung dreimal durch. Sie sollten Ihren gedehnten Rücken fühlen.

Am Abend

◎ Massieren Sie im Liegen mit Ihren Handflächen den Bauch im Uhrzeigersinn, dann Ihre Lungen von der Brustmitte aus zu beiden Seiten des Körpers.

◎ Massieren Sie zum Abschluss die Stirn und die Schläfen, atmen Sie dann ruhig, um einzuschlafen.

Harmonie aus der Natur

Provenzalische Quiche

◎ Schneiden Sie vier Tomaten in Scheiben und belegen Sie damit den Boden einer Auflaufform.

◎ Verteilen Sie auf den Tomaten 120 g in kleine Würfel geschnittenen Ziegenkäse. Schlagen Sie zwei Eier auf, fügen Thymian hinzu sowie 200 ml entrahmte Milch. Salzen und pfeffern und in die Auflaufform gießen.

◎ Backen Sie die Quiche bei 180 °C 40 Minuten im Backofen.

◎ Da dieses schnelle und einfache Gericht kein Getreide enthält, ist es ideal für den Abend, da es die Verdauung begünstigt.

Chicorée mit Krabbenfleisch

◎ Vermengen Sie gewaschene und abgetrocknete Chicoréeblätter, Krabbenfleisch, Würfel roter Paprikaschoten, Avocadostücke, eine kleine Schalotte, etwas Olivenöl und Zitronensaft. Fertig!

◎ Noch leckerer wird es, wenn Sie Kerbel und Schnittlauch hinzufügen!

Quinoa-Bratlinge

◎ Waschen Sie 200 g Quinoa und garen Sie ihn mit Dampf. Sobald der Quinoa gekocht ist, mischen Sie eine Dose Sardinenfilets, zwei Eigelb, fünf Scheiben in Milch getränktes Weißbrot, 1 Teelöffel Paprikapulver unter.

◎ Formen Sie aus der erhaltenen Masse mit den Händen Bratlinge und backen Sie sie. Legen Sie sie nach dem Braten auf ein Papierküchentuch, damit es das überschüssige Fett aufsaugt.

Pistazien-Flan

◎ Heizen Sie den Ofen auf 120 °C (Stufe 5) vor.

◎ Verrühren Sie 70 g flüssigen Honig in 150 g Crème fraîche.

◎ Schlagen Sie fünf Eigelb mit 5 Esslöffeln braunem Zucker auf.

◎ Vermischen Sie den Honig und die Crème und zusätzlich 350 g Crème fraîche.

◎ Zerdrücken Sie 30 g Pistazien in kleine Stücke.

◎ Die Masse auf sechs Auflaufförmchen verteilen und 1 Stunde in den Ofen schieben. Kalt servieren.

DER GESCHMACK STEHT HIER AN ERSTER STELLE, UM EIN ZUFRIEDENHEITSGEFÜHL HERVORZURUFEN; SCHON DAS ALLEIN BRINGT ENTSPANNUNG.

47. WOCHE Zeit für mich

Gehen Sie von dieser Gesichtsvorlage aus, um diejenige oder denjenigen darzustellen, den Sie gerne als Lehrer des Lebens, Freund, spirituellen Führer hätten ... Nehmen Sie sich Zeit die Schritte wieder und wieder zu wiederholen bis Sie Ihrer Wunschvorstellung möglichst nahe sind. Sie werden sehen, dass sich mit dem Fortschritt Ihrer zeichnerischen Umsetzung die Klarheit Ihres Wunschbildes entwickelt. Und vor allem, viel Spaß dabei haben!

1 • Zeichnen Sie ein Oval für das Gesicht.

2 • Ziehen Sie eine Linie, die das Gesicht in zwei Teile trennt.

3 • Ziehen Sie die Linien für Augen, Mund und Nase. Zeichnen Sie ein kleines Oval, das sich von einer Höhe über den Augenbrauen bis auf eine Höhe unter der Nase zieht; das wird das sichtbare Ohr sein.

4 • Zeichnen Sie kurz das Gesicht (Augen, Augenbrauen, Mund, Ohren).

5 • Verbessern Sie die Details (Pupillen, Iris, Haare).

6 • Arbeiten Sie das Gesicht sorgfältig aus.

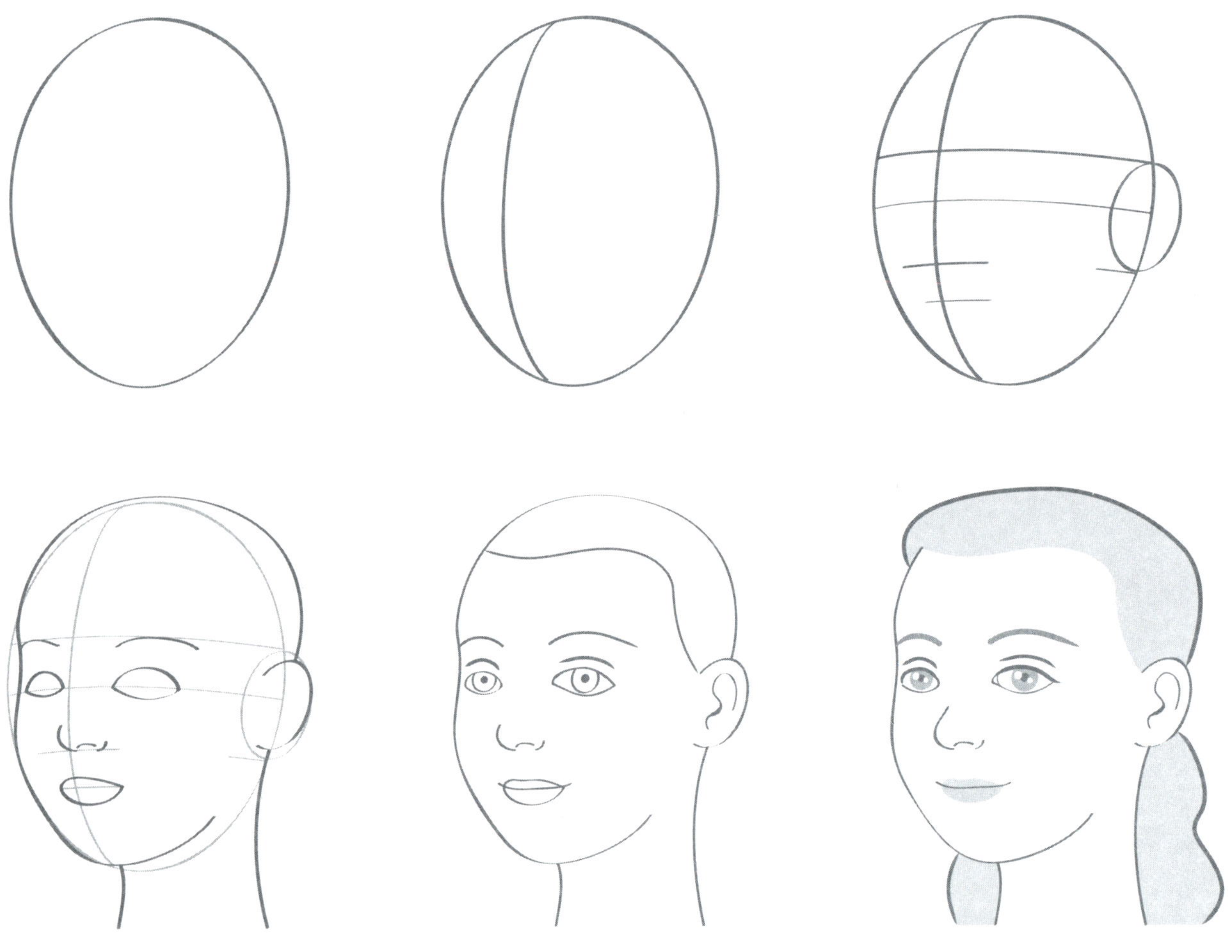

SO KANN IHNEN IHR UNTERBEWUSSTSEIN INFORMATIONEN ÜBER IHRE GEWÜNSCHTEN BEGEGNUNGEN GEBEN.

Entspannen mit Kunst

Zeichnungen sprechen lassen

Auf der Grundlage eines Fotos oder einfach nur aus der Erinnerung zeichnen Sie das Porträt der Person, der Sie gerne ein paar Dinge über das Leben sagen oder verständlich machen möchten. Es geht nicht darum, bei der Zeichnung genau zu sein, sondern darum, genau zu sein bei dem, was Sie mental weitergeben möchten und was zuvor nicht gesagt wurde. Daher sagen Sie es beim Zeichnen ...

Schreiben Sie noch ein paar Worte:

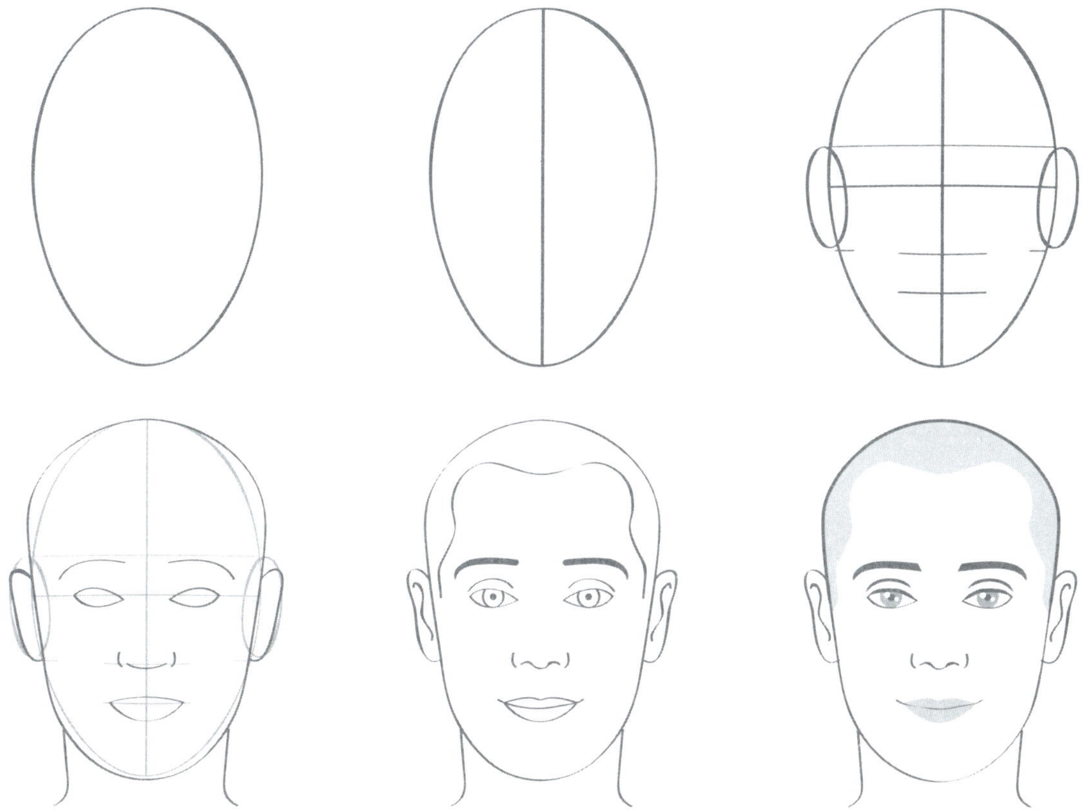

Denken Sie über diesen Satz nach:

Blicke weder nach vorne noch zurück, sehe in dich hinein, ohne Angst oder Reue. Niemand findet zu sich selbst, solange er Sklave des Vergangenen oder des Zukünftigen ist.

Émile Michel Cioran

Coaching-Tipp

Legen Sie symbolisch alle Wünsche mit den Leuten zu Teilen in Ihre Hände und bieten Sie sie der Welt mental an. Machen Sie sich frei.

Mein Weg zum Wohlbefinden

Am Morgen

◎ Wie ein Stehaufmännchen, die Arme an den Seiten des Körpers, schließen Sie die Augen und lassen Ihren Körper sich natürlich zu den Seiten oder von vorne nach hinten biegen.

◎ Sie achten lediglich auf einen Punkt unter dem Nabel, Ihr Hara (Energiezentrum), um sich wieder aufzurichten.

◎ Das wird Sie für fünf Minuten zwingen, in Ihrem Körper präsent und zentriert zu sein.

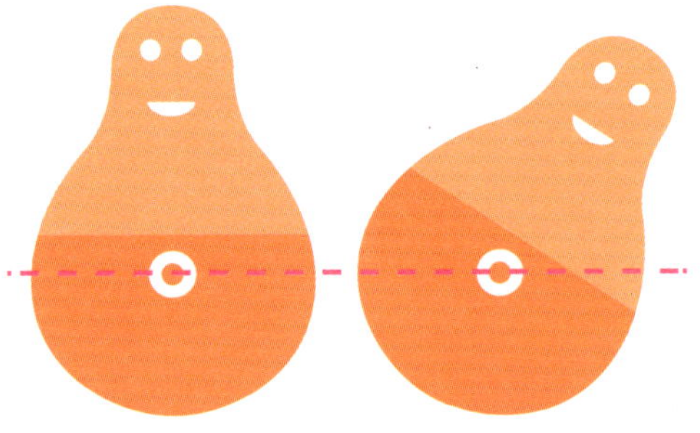

Am Nachmittag

◎ Folgen Sie dieser Tai-Chi-Übung. Sie wird Ihnen helfen, sich zu konzentrieren und sachte mit Ihrem Körper umzugehen, so werden Sie sich lockern.

Harmonie aus der Natur

Der Einfluss von Gewürzen auf die Gesundheit ist ein gut entwickeltes Wissen. Weit über das geschmackliche Vergnügen und die Alltagsflucht, die sie verschaffen, hinaus, können Gewürze immer wieder erstaunliche Farben und Gerüche aufweisen; in zahlreichen Länder zählen Gewürze zum Kulturgut. Hier finden Sie eine kleine Auswahl mit dem jeweiligen Wirkungsbereich. Missbrauchen Sie Gewürze nicht, besonders wenn Sie einen empfindlichen Magen oder Darm haben oder wenn Sie ein Kind erwarten!

Ingwer

- Erleichtert die Verdauung.

Zimt

- Erleichtert bei Lungenproblemen.

Gewürznelke

- Erfrischt den Atem, erleichtert bei Blähungen, lindert bei Zahnschmerzen.

Paprika

- Antioxidans.

Kurkuma

- Entzündungshemmend, antiviral, antibakteriell.

Chili

- In sehr kleinen Dosen, verbessert den Blutkreislauf und die Atemwege, hilft Schleim zu lösen.

Sternanis

- Verbessert den Atem, hilft bei Verdauungsstörungen und Übelkeit.

Safran

- Hilft gegen Depressionen.

Bockshornklee

- Regt den Appetit und die Verdauung an.

Kümmel

- Entgiftet den Körper, hilft bei Asthma und Bronchitis.

Kardamom

- Hilft bei Verdauungsbeschwerden und Blähungen.

Muskatnuss

- Beruhigende und aphrodisierende Wirkung.

Curry

- Wird im Allgemeinen aus Koriander, Kurkuma, Kümmel, Cayennepfeffer, Knoblauch, Zimt, Gewürznelke zusammengesetzt.

Im Altertum galten Gewürze auch als Tauschobjekt, ihr Wert war unschätzbar!

48. WOCHE Zeit für mich

Um Ihre Meditationen gut weiterzuentwickeln, ist es wichtig, den Energieaspekt zu berücksichtigen, der dieser Aktivität innewohnt. Wenn Sie sich für die symbolischen Aspekte alter Traditionen interessieren, werden Sie sehen, dass man dort viel vom Energiekörper spricht, der den ganzen Menschen umgibt. Man nennt es Aura und sie wird in Form von „Lichtkleidern" bunt und in verschiedenen Größen dargestellt; sie umgeben den Körper, in der Religion werden sie vor allem hinter dem Kopf dargestellt, wie ein Heiligenschein.

Das ist eine grundlegende Art, sich dieser „Energiefelder" bewusst zu werden und sie zu entwickeln. Nehmen Sie sich Zeit, das erfordert vor allem Regelmäßigkeit und Präsenz und kein stundenlanges, mentales Erzwingen.

- Sie sitzen und sind entspannt, Handflächen auf den Knien. Schließen Sie die Augen und stellen Sie sich ein erstes Dreieck vor, dessen Spitze oben auf Ihrem Schädel ist und dessen Basis auf Höhe Ihres Beckens liegt (wenn Sie auf einem Stuhl sitzen) oder unter Ihren Füßen (wenn Sie im Lotussitz sitzen). Strengen Sie sich nicht an, lassen Sie die Visualisierung auf sich zukommen. Das ist die Achse Himmel (Vater) – Erde (Mutter).

- Stellen Sie sich ein zweites Dreieck vor, das von Ihrem Hals ausgeht und mit der Spitze in der Erde unter Ihnen steckt. Das ist die Achse Erde (Mutter) – Himmel (Vater).

- Wenn Sie diese beiden Visualisierungen gut verinnerlicht haben, stellen Sie sich vor, dass sich das Dreieck, das mit der Spitze auf Ihren Kopf zeigt, im Uhrzeigersinn dreht und dass sich das andere Dreieck entgegengesetzt dreht. Sie werden eine große Energiebewegung schaffen. Anschließend können Sie die Visualisierung der Farben jedes Chakras hinzufügen.

DIESE MEDITATION, DIE AUCH MERKABA GENANNT WIRD, HEBT IHR ENERGIELEVEL.

Entspannen mit Kunst

Die Pyramide des Lebens

- Diese Pyramide stellt symbolisch Ihren möglichen Lebensweg dar.
- Schreiben Sie an ihren Fuß, was gegenwärtig Ihre Identität ausmacht.
- Schreiben Sie dann Stockwerk für Stockwerk die Etappen auf, die unerlässlich sind, um Ihr Ziel zu erreichen, das Sie zuvor definiert hatten.
- Kritzeln Sie dann mit Buntstiften in beliebigen Farben.

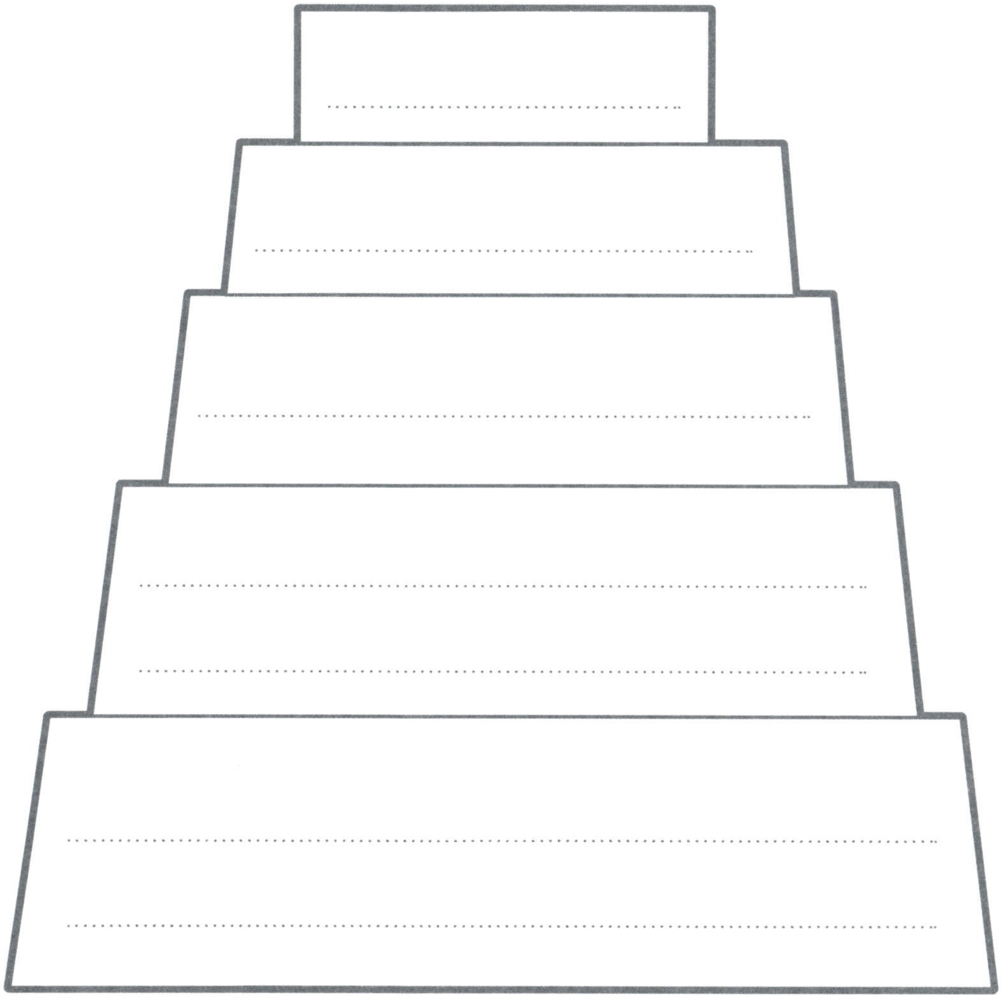

- Schreiben Sie Worte auf, die Ihre zukünftigen Projekte beschreiben:

Denken Sie über diesen Satz nach:

Nur der verliebt sich, der mit Lebenskraft und Lebenstrieb ausgestattet ist, der schaffen und bauen will.

Francesco Alberoni

Gesundheitstipp

Sprühen Sie Ihr Umfeld mit ätherischem Salbeiöl ein, wenn Sie sich wünschen, mental entspannter zu werden.

Mein Weg zum Wohlbefinden

Diesen Entspannungstext sollten Sie sich merken. Durch regelmäßiges Üben werden Sie ihn schnell mit geschlossenen Augen aufsagen und zusammenfassen können (vor einem schwierigen Termin, in einer schwierigen Zeit).

- Legen Sie sich bequem hin. Atmen Sie ein und halten dann den Atem in Ihren Lungen. Entspannen Sie.

- Betrachten Sie Ihren Körper vor Ihrem inneren Auge. Entspannen Sie die Muskeln, einen nach dem anderen, beginnen Sie mit der Stirn und dann den Körper abwärts. Nehmen Sie sich die Zeit, an all Ihre Muskeln zu denken. Ihr Körper wird immer entspannter und gelöster.

- Nun, da Sie ruhig sind, konzentrieren Sie sich auf Ihren rechten Arm. Sie spüren die Schwere des rechten Arms. Sie empfinden diese Schwere als angenehm …

- Gehen Sie zum linken Arm über, dann zum linken Bein und so weiter …

- Über Ihren ganzen Körper … Ihr ganzer Körper ist schwer.

- Konzentrieren Sie sich dann aufs Neue auf Ihren rechten Arm und Sie spüren die Wärme … Sie geben diese Wärme dem linken Arm weiter, dann Ihrem ganzen Körper … Es ist eine sanfte Wärme. Sie sind jetzt sehr entspannt, ruhig und gelöst.

- Sie fühlen Ihren Körper nicht mehr, Sie sind völlig gelöst. Ihre Entspannung ist vollständig.

- Kehren Sie langsam in die Gegenwart zurück. Die Vitalität kehrt in Ihren ganzen Körper zurück, die Schwere verschwindet … Sie nehmen mit der Wirklichkeit wieder Kontakt auf … und, wenn Sie bereit sind, öffnen Sie die Augen.

AUF DIE BEDÜRFNISSE IHRES KÖRPERS ZU HÖREN, SETZT SEINE BEOBACHTUNG VORAUS. SO KÖNNEN SIE SOFORT REAGIEREN.

Harmonie aus der Natur

Mit einem Entsafter können Sie das ganze Jahr Gemüse- und Fruchtsaft herstellen. Ideal, um Vitamine und Minerale aufzutanken. Er wird zum Verbündeten für die ganze Familie. Hier finden Sie zunächst ein paar leckere Rezepte für alle, dann auf den jeweiligen Bedarf ausgerichtet.

Fröhlich säuerlicher Saft!

- drei Karotten + ein Apfel + etwas Zitronensaft
- ein Viertel Ananas + ein Apfel + ein halber Fenchel + eine halbe Zitrone
- Wassermelone + eine halbe Zitrone
- ein Viertel Rotkohl + zwei Äpfel

Entgiftung im Frühling

- ein halbe Gurke + eine Stange Sellerie + ein halber Fenchel oder eine Handvoll junge Fencheltriebe + eine Handvoll Löwenzahn + ein Stück frischer Ingwer + ein bis zwei Zweige frische Minze.

Antioxidans-Spezial

- eine halbe Gurke + eine Zucchini + eine Karotte + eine rote Paprikaschote + eine Handvoll junge Brokkolisprossen + ein Stück frische Kurkuma + ein Zweig Thymian, Zitrone.

Rohe Suppe

- zwei Karotten + 50 g Spinat + eine Stange Sellerie + 50 g junge Sonnenblumensprossen + ein halbe Avocado + zwei Zweige Petersilie + ein Zweig Basilikum + eine kleine Knoblauchzehe.

49. WOCHE Zeit für mich

Malen Sie dieses Mandala aus, von der Mitte aus mit warmen Farben, dann gehen Sie zur Außenseite zu kalten Farben über. Hören Sie dabei sanfte Musik. Legen Sie mehrere Pausen ein, in denen Sie sich aufstellen und mit geöffneten Armen tief einatmen. Joggen Sie jedes Mal eine Minute auf der Stelle. Es ist das völlige Hingeben, das Ihnen einen Ausgleich zwischen dem Nervösen und dem Mentalen schafft.

Entspannen mit Kunst

Ausmalen

◎ Malen Sie diesen Vogel mit sehr dynamischen Farben, denen des Feuers, aus! Er stellt Ihre Energie dar, die davonfliegt und sich in einer positiven Kraft entfaltet.

◎ Fassen Sie in wenigen Worten Ihre Vorstellung einer positiven Kraft zusammen:

. . . .

Denken Sie über diesen Satz nach:

Lächeln gehört zu den erneuerbaren Energien, wenn du keine sonnigen Gedanken hast, lebst du in der Dunkelheit.

Maud Lethielleux

Caoching-Tipp

Sehen Sie die Farben Ihrer Zeichnung an, schließen Sie die Augen, identifizieren Sie sich mit diesem Vogel, mit seinen Farben, mit seiner sanften Kraft und entspannen Sie sich …

Mein Weg zum Wohlbefinden

Am Morgen

◎ Schreiben Sie alles auf, was Ihren Vormittag stört:

◎ Schreiben Sie alles auf, was Sie unternehmen, um die Situation zu verbessern:

Am Nachmittag

◎ Schreiben Sie alles auf, was Ihren Nachmittag stört:

◎ Schreiben Sie alles auf, was Sie unternehmen, um die Situation zu verbessern:

Am Abend

◎ Schreiben Sie alles auf, was Sie den Tag über lösen konnten:

◎ Schreiben Sie alles auf, was Sie dauerhaft einführen möchten, um den nächsten Tag zu erleichtern:

Harmonie aus der Natur

Immer mehr Menschen haben eine Glutenunverträglichkeit. Hier finden Sie ein paar Rezepte mit Getreide ohne Gluten, das wir in Form von langsamem Zucker, d. h. Kohlenhydraten, für Ausdauer, Durchhaltevermögen und gute Laune brauchen (dennoch sollten Sie Ihren Kalorienbedarf kennen).

Buchweizen

- Mischen Sie in einer Schale 55 g Buchweizen mit 2 Prisen Salz.
- Fügen Sie ein Ei, dann 250 ml Milch hinzu. Die Masse aufschlagen.
- Lassen Sie 60 g Süßrahmbutter schmelzen und fügen Sie sie der Masse hinzu.
- Eine Stunde mit einem Tuch abgedeckt im Kühlschrank kalt stellen.
- Waschen und trocknen Sie währenddessen die Spinatsprossen, in etwas Butter dünsten. Lassen Sie das Wasser gut verdunsten.
- Geben Sie einen Schöpflöffel Buchweizenteig (nachdem dieser geruht hat) in eine Pfanne. Geben Sie nach der Hälfte der Bratzeit den Spinat und drei Scheiben Ziegenkäse darüber. Den Käse schmelzen lassen. Fertig!

Sahnige Maispolenta

- Bringen Sie 600 ml Wasser zum Kochen und geben Sie allmählich 200 g Polenta unter ständigem Rühren hinzu.
- Wenn die Polenta fest ist, nehmen Sie den Topf vom Herd und fügen 50 g Parmesan und 100 g Crème fraîche hinzu.
- Gut rühren.
- Stellen Sie den Topf noch einmal für 2 Minuten auf den Herd.
- Streuen Sie etwas grobes Meersalz darüber und sofort servieren.

Pilaw

- Dünsten Sie in einer Pfanne zwei in Ringe geschnittene Zwiebeln und zwei gehackte Knoblauchzehen in 4 Esslöffeln Olivenöl.
- Fügen Sie zwei in Würfel geschnittene Tomaten, etwas geschnittene grüne Paprikaschote, Garnelen und 350 g Basmatireis hinzu. Gut rühren.
- Wenn der Reis leicht durchsichtig wird, gießen Sie Wasser auf bis der Reis bedeckt ist und bringen es zum Kochen.
- Den Reis zugedeckt auf kleiner Stufe unter gelegentlichem Umrühren 20 Minuten kochen.

Hirse

- Dünsten Sie eine gehackte Zwiebel in 1 Esslöffel Öl.
- Fügen Sie 300 g Hirse hinzu, mischen und 2 Minuten gut umrühren.
- Lösen Sie einen Bio-Gemüsebrühwürfel in ½ Liter Wasser auf und gießen es über die Hirse. 15 Minuten bei geringer Hitze köcheln.
- Geriebenen Käse hinzufügen und heiß servieren.

MIT GUT VERTRÄGLICHEN SPEISEN TUN SIE IHREM KÖRPER ETWAS GUTES.

50. WOCHE Zeit für mich

Malen Sie zunächst zum raschen Stressabbau die erste Tanne aus, nur von oben nach unten, die nächste Tanne von unten nach oben usw. Reagieren Sie sich ab!

Entspannen mit Kunst

Mandala der Zeit

◎ Malen Sie dieses Mandala im Uhrzeigersinn aus. Füllen Sie ein Motiv nach dem anderen aus.

◎ Schreiben Sie in wenigen Worten auf, was der Lauf der Zeit für Sie bedeutet:

Denken Sie über diesen Satz nach:

Der Mensch hat keinen Port, die Zeit hat kein Gestade, sie flieht und wir mit ihr.

Alphonse de Lamartine

Gesundheitstipp

Tauchen Sie mit den Augen in diese Zeichnung ein, dann schließen Sie sie und stellen sich vor, dass sich dieses Rad im Zentrum Ihrer Brust dreht, Ihnen Energie gibt und Sie stärker macht.

Mein Weg zum Wohlbefinden

Am Morgen

◎ Nehmen Sie sich fünf Minuten Zeit, um den Menschen, die Ihnen wichtig sind, positive Gedanken zu senden. Schreiben Sie sie auf, konzentrieren Sie sich, um erreichbar zu sein, und schicken Sie diese Gedanken aus voller Überzeugung.

1 ....

2 ....

3 ....

4 ....

5 ....

Mittags

◎ Nehmen Sie sich fünf Minuten Zeit zur positiven Einstimmung. Betonen Sie langsam einfache Sätze, die Ihnen Trost und Vertrauen spenden.

1 ....

2 ....

3 ....

4 ....

5 ....

Am Abend

◎ Schreiben Sie vor dem Einschlafen wohlige Gedanken auf und tragen diese langsam vor. Prägen Sie sich den Sinn jedes einzelnen Wortes ein. Sie werden mit Vertrauen und Heiterkeit in den Schlaf finden.

1 ....

2 ....

3 ....

4 ....

5 ....

DURCH DIESE ÜBUNG ENTWICKELT SICH DER REFLEX DES POSITIVEN, DAHER MÖGLICHST OFT WIEDERHOLEN.

Harmonie aus der Natur

Hier finden Sie einen kleinen „Werkzeugkasten“ für Ihr Wohlbefinden mit hilfreichen Produkten, die Sie risikolos einnehmen können:

Aloe Vera

- Diese Grünpflanze ist, was die Gesundheit betrifft, ein Wunder. Diejenigen, die einen empfindlichen Darm haben, können jeden Morgen Aloe-Vera-Gel trinken. Bei Magenschmerzen ist Gelee zu empfehlen.

Aktivkohle

- Hilft bei Nahrungsmittelvergiftung. Sie können auch eine einwöchige Kur machen, um den Darm von Bakterien zu befreien. Anschließend natürliche Probiotika einnehmen.

Homöopathie

- Für einen Schlaf ohne Albträume: Stramonium 9 CH, zwei Globuli beim Zubettgehen.
- Gegen Stress vor dem Einschlafen: Nux vomica 9 CH, zwei Globuli dreimal täglich.
- Gegen Angst: Arsenicum album 9 CH, zwei Globuli beim Zubettgehen.
- Vor einem beängstigenden Ereignis: Gelsemium 9 CH, drei Globuli dreimal täglich.
- Gegen Fieber: Belladonna 9 CH, zwei Globuli dreimal täglich.
- Gegen Migräne: Fünf Globuli Belladonna 5 CH jede Stunde, bis die Kopfschmerzen nachlassen.
- Gegen Reiseübelkeit: Fünf Globuli Nux Vomica 9 CH, direkt vor der Reise einnehmen.

In Ampullen

- Entgiftung der Leber: Desmodium, schwarzer Rettich, Artischocke. Eine Ampulle dieses Cocktails einen Monat lang täglich einnehmen. In der Apotheke in einer Packung mit 30 Ampullen erhältlich.
- Das Gedächtnis stärken und Stressabbau begünstigen: Eine Ampulle Magnesium über 30 Tage.
- Für bessere Durchblutung, venösen Rückfluss und gegen Hämorrhoiden: Eine Ampulle rote Weinrebe, Rosskastanie täglich über 30 Tage.

MIT EINFACHEN MITTELN KÖNNEN SIE DEN KLEINEN UNPÄSSLICHKEITEN IM ALLTAG ENTGEGENWIRKEN. SIE ERSPAREN SICH DIE ANHÄUFUNG VON UNNÜTZEM STRESS!

51. WOCHE Zeit für mich

Die Atmung der Welle nimmt die drei Stockwerke Ihres Körpers ein. Es ist sehr interessant, sie bei vollem Bewusstsein durchzuführen. Entweder zur Vorbeugung (wenn Sie ein schwieriges Ereignis auf sich zukommen sehen: verbaler Angriff, starke Angst, die Sie einnimmt usw.), zur Beruhigung nach durchgestandenem Stress oder bei starken Emotionen oder einfach zur Verlängerung Ihres Wohlbefindens, wann immer Sie können.

◎ Wir nehmen uns den liegenden Körper als Beispiel, Sie können jedoch im Anschluss im Stehen üben.

◎ Drei Atmungszyklen in jedem Stockwerk des Körpers helfen, den Mechanismus wirklich zu verstehen. Es liegt dann an Ihnen, zu bestimmen, wie lange es dauert. Ohne jedoch Leistung zu erzwingen, vor allem für diejenigen, die an Apnoe leiden!

◎ Am Anfang atmen Sie durch die Nase ein und durch den Mund mit spitzen Lippen, um die Luft abzubremsen, wieder aus. Anschließend atmen Sie auch durch die Nase aus, wenn Ihre Ausatmung natürlich lang sein wird, (hierzu müssen Sie Ihr Zwerchfell gut beherrschen). Jede nummerierte Etappe ist mehrmals hintereinander zu wiederholen, so wie es für Sie gut passt.

◎ Fangen wir an:

1 Atmen Sie ein und wölben Sie auf natürliche Art Ihren Bauch. Wenn eine natürliche Atempause entsteht, verlängern Sie diese nicht. Atmen Sie aus und ziehen den Bauch ein, dabei spannen Sie die Bauchmuskulatur natürlich an.
In diesem Moment, mit leeren Lungen und ohne sich anzustrengen, bestimmt der Körper den Rhythmus.

2 Atmen Sie ein und schieben den Brustkorb bewusst heraus (nicht übertreiben). Sie fühlen Ihre Rippen, die sich ausweiten. Atmen Sie aus und leeren Sie die Lungen gut durch intensives Zusammenziehen des Bauchs.

3 Atmen Sie ein und heben dabei leicht die Schultern, wenn Sie Ihren Oberköper „arbeiten" fühlen, zieht sich Ihr Hals ein wenig zusammen, dann atmen Sie aus. Bei der folgenden Einatmung lassen Sie Ihre Schultern am Boden kleben.

4 Sobald Sie die vorhergehenden Etappen beherrschen, atmen Sie ein, wölben Sie den Bauch heraus, öffnen Sie die Lungen am oberen Teil des Brustkorbs, dann atmen Sie aus, entspannen den Hals, Brustkorb und Bauch.

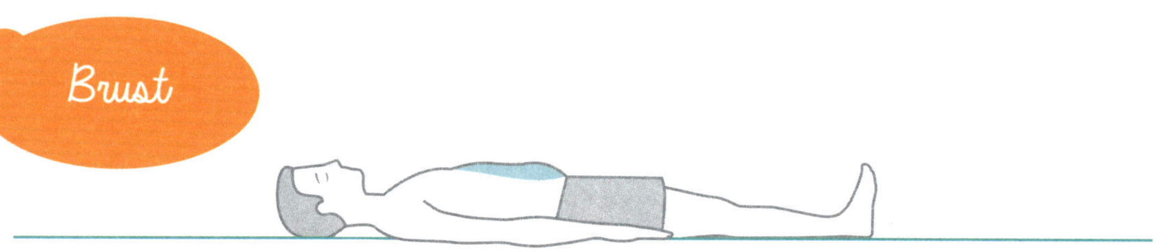

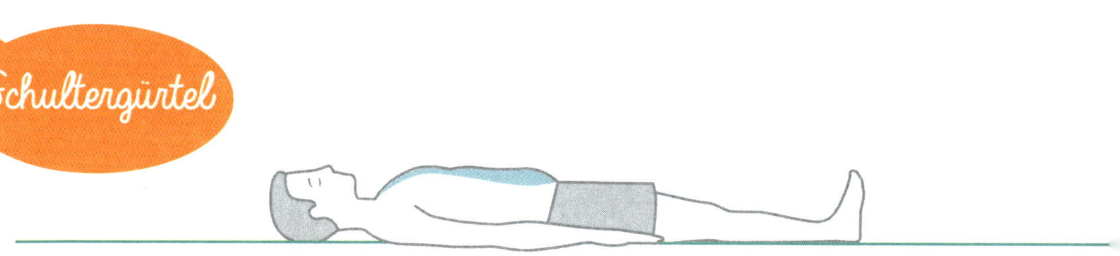

Entspannen mit Kunst

Ganz einfache Freuden

◎ Das sind optimistische Darstellungen, die Sie durch Ausmalen noch fröhlicher und positiver gestalten können!

◎ Schreiben Sie einige Worte zu dem Gefühl der Unschuld auf:

Denken Sie über diesen Satz nach:

Beim Menschen ist die Unschuld das einzig Heilige auf der Suche nach Ausgeglichenheit.

Maxime Chattam

Gesundheitstipp

Führen Sie die in diesem Buch beschriebene Atmung der Welle durch.

Mein Weg zum Wohlbefinden

Nehmen Sie sich Zeit, diese von Heilpraktikern empfohlene Nahrungskombinationstabelle genau zu betrachten. Nichts ist verboten. Es wird lediglich empfohlen, was Ihren Körper leichter macht und Ihnen guttut.

- Sie sollten nur essen, was gerade Saison hat. Vergessen Sie Heidelbeeren an Weihnachten!
- Auf diese Art werden Sie zu Entspannung und Fitness gelangen, aber natürlich entscheiden Sie selbst.

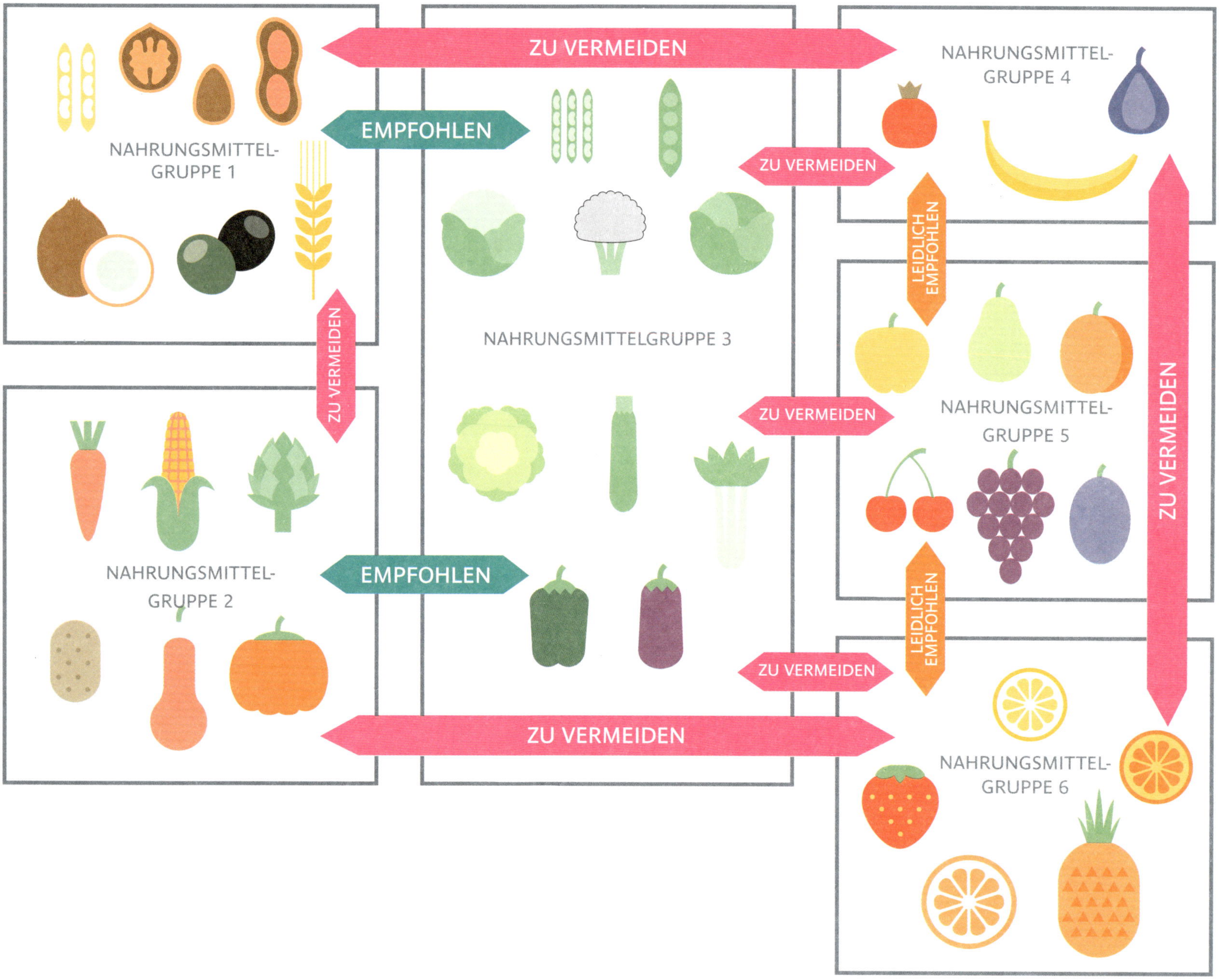

Harmonie aus der Natur

In bestimmten Lebenssituationen ist es wichtig, Ihren Organismus ein wenig zu entlasten. Nach ausgiebigen Schlemmereien an Feiertagen und bei Familienfesten (Weihnachten und Neujahr zum Beispiel) oder übermäßigem Konsum von Anregungsmitteln in stressigen Zeiten (Kaffee, Tee, Zigaretten, Energiegetränke) ist dies besonders ratsam.

◎ Wir haben für Sie köstliche, leicht zuzubereitende Suppenrezepte zusammengestellt, die Sie mit wichtigen Vitaminen und Mineralen versorgen und zudem noch sättigend sind.

Suppe aus Radieschenblättern

(Für 4 Personen)

◎ Die Blätter von einem Bund Radieschen waschen und in ein wenig Butter dünsten.

◎ Fügen Sie zwei in Würfel geschnittene Kartoffeln hinzu. Gut mit Wasser bedecken, Salz, Pfeffer, Muskatnuss hinzugeben und 30 Minuten köcheln lassen.

Kohlsuppe

(Für 4 Personen)

◎ Blanchieren Sie den in Streifen geschnittenen grünen Kohl 2 Minuten in kochendem Salzwasser.

◎ Mit kaltem Wasser abschrecken und zur Seite stellen. Schälen Sie drei Karotten und vier Kartoffeln.

◎ Dünsten Sie in einem Kochtopf zwei Zwiebeln und zwei Knoblauchzehen in etwas Butter. Fügen Sie dann das Gemüse, ein Kräutersträußchen, Salz und Pfeffer hinzu. Großzügig mit Wasser bedecken und zum Kochen bringen,

◎ 30 Minuten bei schwacher Hitze köcheln lassen ohne den Topf zuzudecken, dann pürieren. Guten Appetit!

Andalusischer Gazpacho

(Für 4 Personen)

◎ Geben Sie in die Schüssel für den Pürierstab 1,5 kg vorab überbrühte und entkernte Tomaten, vier Frühlingszwiebeln in feine Ringe geschnitten, 100 g altes in Wasser eingeweichtes Weißbrot, 1 geschälte und entkernte Salatgurke. Pürieren!

◎ Gießen Sie die Suppe in eine Terrine, fügen Sie eine rote und eine grüne Paprikaschote, klein gewürfelt, und zwei Knoblauchzehen hinzu.

◎ Würzen Sie mit 50 ml Olivenöl, 2 Esslöffeln Essig und 1 Prise Peperoni aus Espelette. Mischen und kalt stellen. Gut gekühlt schmeckt Gazpacho am besten!

SUPPEN BEGÜNSTIGEN DIE VERDAUUNG. KOCHEN SIE AUCH NACH DEN JAHRESZEITEN.

52. WOCHE

Anti-Stress-Test

Das ist ein Test, den Sie jede Woche oder jeden Monat wiederholen können, um Ihr Stressniveau zu bestimmen. Antworten Sie spontan und ehrlich, ohne etwas auszulassen!

Die unverbindliche Stressskala von 0 bis 10 ermöglicht Ihnen, Bilanz zu ziehen und zu erkennen, was unerwartet und ruhestörend oder was eingefahren ist. Sie kann als Orientierung dienen, um die passenden Sitzungen für Ihre Bedürfnisse zu wählen.

Ziehen Sie eine wertfreie Zwischenbilanz, sehen Sie das Gesamte, wecken Sie Verantwortungsgefühl und handeln Sie danach. Der Mensch besitzt außergewöhnliche Entwicklungs- und Anpassungsfähigkeiten. Behalten Sie Vertrauen!

◎ Gelingt es Ihnen bis heute, ein Gleichgewicht zwischen Ihrer Arbeit und Ihrer Freizeit zu halten? Notieren Sie von 1 bis 10: ....

Ihre Verbesserungsstrategie: ....

◎ Sind Sie gegenwärtig im Gleichklang mit Ihrer Arbeit? Notieren Sie von 1 bis 10: ....

Ihre Verbesserungsstrategie: ....

◎ Empfinden Sie gegenwärtig ein Schlafdefizit? Notieren Sie von 1 bis 10: ....

Ihre Verbesserungsstrategie: ....

◎ Haben Sie Probleme beim Einschlafen oder leiden Sie an Schlaflosigkeit? Notieren Sie von 1 bis 10: ....

Ihre Verbesserungsstrategie: ....

◎ Machen Sie genügend Übungen (20 Minuten pro Tag)? Notieren Sie von 1 bis 10: ....

Ihre Verbesserungsstrategie: ....

◎ Notieren Sie Ihr Stresslevel bei der Arbeit von 1 bis 10: ....

Ihre Verbesserungsstrategie: ....

◎ Finden Sie, dass Sie Ihre spezifischen Techniken des Stressmanagements genügend einsetzen? Notieren Sie von 1 bis 10: ....

Ihre Verbesserungsstrategie: ....

◎ Schieben Sie oft etwas auf den Folgetag, obwohl Sie es am selben Tag erledigen könnten? Notieren Sie von 1 bis 10: ....

Ihre Verbesserungsstrategie: ....

◎ Haben Sie sich kürzlich aufgeblüht gefühlt? Notieren Sie von 1 bis 10: ....

Ihre Verbesserungsstrategie: ....

◎ Ist Ihre Gedächtnisleistung gegenwärtig gut? Notieren Sie von 1 bis 10: ....

Ihre Verbesserungsstrategie: ....

◎ Wie könnten Sie den Grad Ihrer Reizbarkeit beschreiben? Notieren Sie von 1 bis 10: ....

Ihre Verbesserungsstrategie: ....

....

....

◎ Nehmen Sie viele Anregungsmittel zu sich? Notieren Sie von 1 bis 10: ....

Ihre Verbesserungsstrategie: ....

....

....

◎ Haben Sie den richtigen Abstand in Ihren Reaktionen mit Ihren Angehörigen? Notieren Sie von 1 bis 10: ....

Ihre Verbesserungsstrategie: ....

....

....

◎ Sorgen Sie sich um Ihre berufliche Zukunft? Notieren Sie von 1 bis 10: ....

Ihre Verbesserungsstrategie: ....

....

....

◎ Sorgen Sie sich um Ihre finanzielle Zukunft? Notieren Sie von 1 bis 10: ....

Ihre Verbesserungsstrategie: ....

....

....

◎ Sorgen Sie sich um Ihre Gesundheit? Notieren Sie von 1 bis 10: ....

Ihre Verbesserungsstrategie: ....

....

....

◎ Fühlen Sie sich manchmal plötzlich erschöpft und verspannt? Notieren Sie von 1 bis 10: ....

Ihre Verbesserungsstrategie: ....

....

....

◎ Fühlen Sie sich manchmal geistig festgefahren (immer wiederkehrender Gedanke, zwanghaftes Ereignis)? Notieren Sie von 1 bis 10: ....

Ihre Verbesserungsstrategie: ....

....

....

◎ Kommen Sie leicht aus der Ruhe? Notieren Sie von 1 bis 10: ....

Ihre Verbesserungsstrategie: ....

....

....

◎ Kommen Sie mit Schwierigkeiten gut zurecht? Notieren Sie von 1 bis 10: ....

Ihre Verbesserungsstrategie: ....

....

....

Definieren Sie, nachdem Sie auf alle Fragen geantwortet haben, in wenigen Sätzen, wo Sie heute stehen, das bezieht sich auf Ihr allgemeines Stresslevel ebenso wie auf das von heute:

....

....

....

....

....

....

....

....

....

Fotografien: © Fotolia.com S. 8: © gstockstudio; S. 9: © onepony; S. 12: © Alen-D; S. 13: © Diana Taliun; S. 14: © contrastwerkstatt; S. 16: © Alliance S. 17: © RFsole; S. 20: © Alliance S. 21: © goodluz S. 22: © elen_studio; S. 24: © goodluz; S. 25: © VRD; S. 28: © Pavle; S. 29: © seiler S. 32: © gpointstudio; S. 33: © shulevich S. 34: © slasnyi S. 36: © Agence DER ; S. 37: © kuleczka S. 38: © colors0613 S. 40: © zhekos S. 41: © photocrew S. 45: © tashka2000 S. 47: © drubig-photo; S. 49: © jedimaster; S. 51: © Syda Productions; S. 52: © Dessie; S. 56: © oksix; S. 57: © Andres Rodriguez; S. 59: © Pavel Lysenko; S. 60: © suryafineart; S. 64: © Es75; S. 67: © Kaspars Grinvalds; S. 68: © Pakhnyushchyy; S. 68: © olhaafanasieva; S. 69: © tatomm; S. 71: © contrastwerkstatt; S. 72: © Artem Furman ; S. 75: © Antonioguillem ; S. 76: © Africa Studio ; S. 76: © photocrew ; S. 77 : © tannene; S. 79: © tiplyashina; S. 80: © koss13; S. 83: © DoraZett; S. 84: © matka_Wariatka; S. 86: © baibaz; S. 90: © kasiajo; S. 95: © leisuretime70; S. 98: © lzf; S. 99: © fefufoto; S. 100: © michaeljung; S. 102: © Visions-AD; S. 103: © Floydine; S. 106: © Es75; S. 107: © Melpomene; S. 110: © Andres Rodriguez; S. 111: © Diana Taliun; S. 114: © Ilike; S. 115: © Tom Wang; S. 118: © Smileus; S. 119: © Dani Vincek; S. 122: © Antonioguillem; S. 123: © WavebreakMediaMicro; S. 124: © Inga Nielsen; S. 125: © T.Tulik; S. 126: © Vincenzo De Bernardo; S. 130: © lefebvre_ jonathan; S. 131: © Jürgen Fälchle; S. 133: © pathdoc; S. 134: © JPC-PROD; S. 135: © naka; S. 137: © Smileus; S. 139: © Jeanette Dietl; S. 141: © liza5450; S. 14 : © Iuliia Metkalova; S. 145: © contrastwerkstatt; S. 146: © Martinina; S. 150: © Vladislav Gajic; S. 158: © mamamiapl; S. 159: © SolisImages; S. 161: © vencav; S. 162: © kuleczka; S. 164: © InPixKommunikation; S. 165: © Tyler Olson; S. 169: © Floydine; S. 173: © Valda; S. 177: © Laurent Hamels; S. 178: © Gorilla; S. 180: © detailblick; S. 181: © scerpica; p. 185: © nicoletaraftu; S. 189: © whitestorm; S. 192: © sinuswelle; S. 193: © Ana Blazic Pavlovic; S. 196: © pil76; S. 197: © stitchik; S. 201: © Kautz15; S. 205: © sarsmis.

MIX
Papier aus verantwortungsvollen Quellen
FSC® C016779
FSC www.fsc.org

Mon année Anti-stress
ISBN 978-2-317-00416-2

Redaktionsleitung: Guillaume Pô, Tatiana Delesalle
Folgeredakteurin: Iris Dion
Art Direction: Chloé Eve, Caroline Soulères
Illustrationen: Laurent Stefano
Layout: Éditédito
Herstellung: Thierry Dubus und Audrey Bord

Übersetzung aus dem Französischen: Petra Bös
Satz: Noch & Noch, Menden

Gesamtherstellung: h.f.ullmann publishing GmbH, Potsdam

Printed in India, 2016

ISBN 978-3-8480-1098-1

10 9 8 7 6 5 4 3 2 1
X IX VIII VII VI V IV III II I

www.ullmannmedien.com
info@ullmannmedien.com
facebook.com/ullmannmedien
twitter.com/ullmannmedien